leykam: *seit 1585*

Silke Ohlmeier

Langeweile ist politisch

Was ein verkanntes Gefühl über
unsere Gesellschaft verrät

leykam: *Sachbuch*

Für alle metaphorischen Industriekaufleute und Rechtsanwält*innen. Möge dieses Buch euch helfen, die Langeweile erzeugenden Machtverhältnisse, Zwänge und Normen der Gesellschaft zu erkennen und zu überwinden.

08

1. Einleitung: Von der Industriekauffrau zur Langeweileforscherin

18

2. Ja, man kann sich zu Tode langweilen: #boredommatters

25

3. Neugedacht: Wie ich auf die Langeweile blicke

42

4. Irgendwie ist doch alles politisch! Jetzt sogar Langeweile?

51

5. Was Langeweile nicht ist: Missverständnisse über die Langeweile

88

6. Langeweile und Marginalisierung: Warum es kein Zufall ist, wen Langeweile trifft

133

7. Langeweile in der privilegierten Welt: Warum sich auch Rechtsanwält*innen langweilen

144

8. Langweilen oder sein: Was Langeweile mit Kapitalismus zu tun hat

157

9. Das ist nicht langweilig! Plädoyer für eine präzise Sprache

163

10. Gesellschaftskritik statt Lebensratgeber? Wozu eine Soziologie der Langeweile nützt

171

11. Nachweise und Anmerkungen

183

12. Dank

1.

Einleitung: Von der Industriekauffrau zur Langeweileforscherin

Mit 19 Jahren habe ich eine Ausbildung zur Industriekauffrau bei einem Busunternehmen begonnen. Nie werde ich meinen ersten Arbeitstag dort vergessen. Frisch aus den Sommerferien stand ich um Punkt sieben Uhr vor der Tür meines neuen Arbeitgebers auf einem Industriegelände irgendwo im Ruhrgebiet. Was mich dort erwartete, war jedoch kein spannender Aufbruch in die schöne neue Arbeitswelt, sondern vor allem eines: das Hirn komplett vernebelnde Langeweile. Im Nachhinein war das bereits an Tag eins klar. Als ich im Betrieb ankam, waren die meisten Mitarbeiter*innen noch in den Ferien. Vorausschauenderweise hatte man aber für mich vorgesorgt und bereits seit Wochen Lieferscheine gesammelt. In kleinen Türmchen erwarteten sie mich nun auf meinem Schreibtisch. Mein Arbeitsauftrag für die erste Woche: „Bitte alles sortieren und abheften!" Ich legte also los. Bereits nach einer Stunde wurde ich unkonzentriert, nach zwei Stunden war ich hundemüde und am Ende der Woche schien mir eine dreijährige Ausbildung in diesem Betrieb eine ganz schlechte Idee gewesen zu sein. Alleine saß ich in meinem Büro und war nicht nur dem Schlaf, sondern auch den Tränen nahe. Das war der Moment, in dem ich bereits hätte wissen können, dass dieser Ort für mich der langweiligste auf der ganzen Welt werden würde und ich die Ausbildung besser sofort abgebrochen hätte.

Leider konnte ich mein ungutes Bauchgefühl damals noch nicht richtig deuten und war außerdem noch viel zu feige, um abzubrechen. Also habe ich lieber die Augen vor dem Offensichtlichen verschlossen und auf Besserung gehofft. Woche um Woche, Monat um Monat. Aus heutiger Perspektive schwer nachvollziehbar, habe ich drei Jahre durchgehalten. Ich habe meine Ausbildung mit mittelmäßiger Note abgeschlossen und während dieser Zeit nahezu alle Facetten der Langeweile kennengelernt. Jeder einzelne Tag war damals die Hölle für mich. Als Folge der ständigen Unterforderung war ich dauermüde und antriebslos. Im Betrieb zog sich die Zeit wie Kaugummi, und nach der Arbeit konnte ich mich zu nichts aufraffen. Drei Jahre

Dauerwarteschleife auf den Feierabend, auf das Wochenende, auf den Urlaub und schlussendlich auf das Ausbildungsende. Wie schrecklich das für mich war, verstanden jedoch nur wenige Menschen in meinem Umfeld. Meist wurde ich für mein Problem bloß belächelt: „Sei doch froh, dass du so wenig machen musst. Ich wünschte, ich hätte mal Langeweile bei der Arbeit", hieß es allzu oft. Wer so etwas sagt, weiß offensichtlich wenig über die Langeweile. Denn sie ist keine entspannte Form des Nichtstuns, sondern purer Stress! In der Stressforschung gibt es sogar einen eigenen Namen für diese Art des Stresses. Man nennt ihn ‚Hypostress'. Genau genommen ist Hypostress die Folge von Unterforderung bzw. zu wenig Stress. Paradoxerweise fühlt sich das in der Konsequenz aber genauso an wie zu viel Stress. Stressforscher*innen erklären das so: Ob nun zu wenig oder zu viel Stress, bei beiden Phänomenen stehen die kognitiven Ressourcen nicht im Einklang mit den Umweltanforderungen. Während bei zu hohen Anforderungen die kognitiven Ressourcen überstiegen werden, wird bei (zu) geringen Anforderungen im Körper gar nicht erst genügend Energie mobilisiert, um den alltäglichen Aufgaben gerecht zu werden. Die Folgen sind die gleichen: Der Körper hat langfristig zu wenig Energie, man fühlt sich müde, erschöpft und ausgebrannt.[1] Konsequenterweise wird extreme Langeweile daher auch als ‚Boreout'[2] bezeichnet und ist somit eine wichtige Parallele zum ‚Burnout'.

Im Nachhinein denke ich, dass ich während meiner Ausbildungszeit dem Boreout sehr nahe war. Die starren Ausbildungsstrukturen passten nicht zu mir, die Inhalte interessierten mich nicht und ich hatte schlichtweg zu wenig Arbeit. Nachdem ich ein paar Mal halbherzig und erfolglos nach anderen oder mehr Aufgaben gefragt hatte, vertrieb ich mir die Zeit von 7:15 Uhr bis 15:30 Uhr einfach ohne großes Aufsehen: Ich schrieb heimlich unzählige private E-Mails an meine Azubi-Kolleg*innen, ging mindestens einmal die Stunde auf die Toilette und bot mich regelmäßig an, Brötchen für die Belegschaft kaufen zu gehen. Damals war ich froh, wenn ich den Tag mit diesen Strategien halbwegs schnell und halbwegs erträglich hinter mich bringen konnte. Heute weiß ich, dass es sich dabei nur um Scheinlösungen handelte und ich so alles nur noch schlimmer gemacht habe. Anstatt mich mit meiner Langeweile auseinanderzusetzen, regulierte ich sie durch meine Ablenkungsmanöver auf ein gerade noch erträgliches Mindestmaß herunter: zu wenig Langeweile, um zu gehen, aber zu viel, um ein gutes Leben zu führen. Dass ich meine Zeit so nicht verbringen möchte, habe ich damals schon gespürt, richtig gewusst habe ich es aber erst nach dem Ende der Ausbildung. Als ich endlich fertig war und zurückblickte, war schnell klar, dass ich so etwas Langweiliges nie wieder erleben wollte. Diese Erfahrung hat mir einen Impuls in die für mich richtige Richtung gegeben: Raus aus dem

Sicherheitsdenken („Mit einer Ausbildung hat man was in der Hand") und rein in unbekanntes Terrain, an die Universität. Meine Studienfächer habe ich dann nur noch danach ausgewählt, was mich wirklich interessierte, und bin zunächst in den Kulturwissenschaften, später bei der Soziologie gelandet. Als potentielle Erstakademikerin in meiner Familie war diese Entscheidung zwar nicht einfach – denn ich hatte wirklich keine Ahnung, was man mit Soziologie später mal machen sollte, und die antizipierte spätere Arbeitslosigkeit hing die ganze Studienzeit wie ein Damoklesschwert über mir. Trotzdem ist die Entscheidung richtig gewesen, denn Langeweile erlebte ich im Studium kaum noch, und einen guten Job fand ich auch. Natürlich gibt es auch heute noch immer wieder mal langweilige Situationen in meinem (Arbeits-)Leben, doch die Gesamtbilanz stimmt; da ist auch viel Begeisterung, Kreativität und Flow. Ohne die Erfahrung extremer Langeweile im Rücken wäre ich aber wohl nicht den Schritt gegangen, mich aus dem Korsett des Sicherheitsdenkens zu befreien und den vermeintlich unsicheren Pfad der wissenschaftlichen Karriere zu betreten.

Persönlich konnte ich das Kapitel Langeweile nach Abschluss meiner Ausbildung also weitestgehend ad acta legen. Als Soziologin hingegen beschäftigt mich die Langeweile bis heute – ich habe sie sogar zum Thema meiner

Doktorarbeit gemacht. In diesem Rahmen habe ich mich in den letzten fünf Jahren intensiv eingelesen, Studien durchgeführt, Alltagsgesprächen gelauscht und in meine eigene Langeweile hinein gespürt. Nach wie vor finde ich es faszinierend, wie ein vermeintlich triviales Alltagsphänomen eines der größten Tabus unserer Zeit darstellt. Langeweile kennt jede*r, hat aber angeblich niemand, wenn man konkret danach fragt. Kein Wunder, steht sie doch konträr zum Leistungsimperativ unserer Gesellschaft und wird fälschlicherweise allzu häufig mit Nichtstun, Faulheit oder Trägheit gleichgesetzt. So fühlte ich mich zu Ausbildungszeiten komplett allein mit meinem Problem und habe erst später als Soziologin realisiert, wie verbreitet das Gefühl in Wirklichkeit ist. Diese Ambivalenzen habe ich zu meinem Forschungsfokus gemacht. Mein Interesse setzt genau am Spannungsfeld zwischen starker Verbreitung und permanenter Verdrängung an. Schon während der Ausbildung habe ich manchmal gedacht: Wäre es nicht einfacher, wenn wir alle unsere Langeweile zugeben und offen mit ihr umgehen könnten? Wenn ich nicht acht Stunden am Tag um jeden Preis beschäftigt tun müsste, obwohl ich es nicht bin? Oder wenn wir, noch besser, direkt aufhören würden, Beschäftigung mit der Abwesenheit von Langeweile gleichzusetzen? Gleich hinterher kamen dann immer die Fragen: Wie zum Teufel bin ich eigentlich hier reingeraten? Und warum schmeiß ich das Ganze nicht einfach hin?

Als Soziologin kann ich sagen: Die Antworten auf diese Fragen sind komplex. Menschen sind soziale Wesen. Klar fällt es uns schwer, Langeweile zuzugeben, wenn wir sie mit Faulheit und persönlichem Versagen assoziieren. Offen gestehen, dass man zu wenig zu tun hat, sich damit eventuellen Vorwürfen der Kolleg*innen aussetzen oder sogar den Arbeitsplatz gefährden? Da feilen Arbeitnehmer*innen lieber fleißig an einer konträren Selbstdarstellung und legen sich zur Fassade alte Aktenstapel auf den Tisch. Und so entsteht schnell der Eindruck, dass alle anderen immer viele interessante Dinge zu tun haben – nur man selbst surft im Internet statt zu arbeiten. Demnach muss es wohl an der eigenen Motivation liegen. Kommen dann, wie in meinem Fall, auch noch sicherheitserhaltende Normen und Glaubenssätze („Eine Ausbildung bricht man nicht ab", „Lehrjahre sind keine Herrenjahre", „Arbeit macht keinen Spaß, dann wäre es ja Freizeit") dazu, erschweren diese das Ausbrechen aus dem Teufelskreis umso mehr.

Zumal es nicht leicht ist, normative Vorstellungen überhaupt als solche zu erkennen, wenn es um das eigene Leben geht. Es braucht eine gewisse Weitsicht und Lebenserfahrung, um zu verstehen, dass sie auch ganz anders lauten könnten (zum Beispiel: „Das Leben ist zu kurz, um acht Stunden am Tag einem langweiligen Job nachzugehen" oder „Persönliches Wachstum beginnt außerhalb der

Komfortzone"). Welche dieser Normen wir zu unserem Lebensmotto machen, ist soziologisch betrachtet eher eine Frage unserer Sozialisation als eine Frage der Wahrheit (siehe Kapitel 5).

Mein Anliegen mit diesem Buch ist es, genau diese impliziten, sozialen Anteile an langweiligen Situationen transparent zu machen und damit einen Beitrag zur Enttabuisierung zu leisten. Nach inzwischen fünf Jahren der Forschung bin ich mehr denn je überzeugt, dass wir viel gewinnen können, wenn wir aufhören, die Langeweile zu verdrängen und stattdessen zuhören, was sie uns zu sagen hat: dass unser Job vielleicht gut bezahlt, aber nicht erfüllend ist, dass der Streamingdienst die Langeweile immer nur kurz betäubt, anstatt sie zu lösen, oder dass die Elternzeit für uns langweiliger als der Bürojob war. Ganz Soziologin versuche ich das ohne Ab- oder Aufwertung. Die Frage, ob Langeweile an sich gut oder schlecht ist, interessiert mich nur am Rande. Vielmehr möchte ich zeigen, was passiert, wenn wir sie missverstehen und Menschen mit Langeweile stigmatisieren. Entsteht das Leiden an der Langeweile vielleicht erst dadurch, dass wir sie als individuelles Problem verstehen, statt die größeren gesellschaftlichen Mechanismen dahinter zu begreifen? Konsequent mache ich daher in diesem Buch wichtige gesellschaftliche Einflussfaktoren transparent und zeige, was Langeweile mit den Ungleichheitsdimensionen Klasse, Gender, *race* und Disability und ganz allgemein mit unserem kapitalistischen System zu tun hat.

Dabei verstehe ich mich keinesfalls als *Chairwoman of the Bored* (der Posten ist seit seinem Song „I'm bored" schon an Iggy Pop vergeben, von dem ich dieses grandiose Wortspiel geklaut habe). Ich kann und möchte nicht für alle gelangweilten Menschen da draußen sprechen. Das hier ist meine soziologische Perspektive auf ein facettenreiches Phänomen. Was ich höre und lese, wird durch meine Wahrnehmung gefiltert. Und meine Wahrnehmung wiederum hat mit meiner Sozialisation und Lebensrealität zu tun. So bin ich Erstakademikerin, inzwischen aber auch Doktorandin. Ich bin ausgebildete Industriekauffrau, Soziologin, Yogapraktizierende und Mutter. Bei allen Stolpersteinen, die mein Weg so mit sich gebracht hab, bin ich auch ganz schön privilegiert: Ich bin unter anderem eine weiße deutsche cis Frau ohne Behinderung, mit unterstützenden Eltern in der Mittelschicht aufgewachsen. All diese Label beeinflussen meine Sicht auf die Welt und damit auch auf die Langeweile. Einige ihrer Ursachen kenne ich selbst, andere kann ich gut nachfühlen, wieder andere gerade noch mit dem Verstand begreifen und manches bleibt mir rätselhaft. Statt mir anzumaßen, für alle sprechen zu wollen, versuche ich, viele unterschiedliche Sichtweisen und Geschichten zu einem großen Ganzen zusammenzufügen; zu der These, dass Langeweile eine Folge universeller gesellschaftlicher Strukturen ist.

Ich sehe die hier entworfene Perspektive als einen Schritt von vielen auf dem Weg zu einem besseren Verständnis von Langeweile. Und ich hoffe, möglichst viele Menschen zu inspirieren, sich mit den tieferen Ursachen ihrer eigenen Langeweile auseinanderzusetzen und sie dann vielleicht sogar an den Wurzeln zu packen. Dabei habe ich dieses Buch bewusst nicht als Lebensratgeber konzipiert und verzichte auf vereinfachende Handlungsanleitungen. Stattdessen setze ich auf eine kritische Reflexion der unterschiedlichen Ursachen. Denn wir können unsere eigene kleine Langeweile nicht überwinden, solange wir nicht die großen gesellschaftlichen Zusammenhänge dahinter verstehen.

2.

Ja, man kann sich zu Tode langweilen: #boredommatters

Viele Menschen finden es lustig, dass über so etwas vermeintlich Triviales wie Langeweile wissenschaftlich geforscht wird. Regelmäßig blicke ich bei Erwähnung meines Forschungsfeldes in amüsierte Gesichter und erahne die Gedanken dahinter: „Langeweile? Ernsthaft? Gibt es nicht wichtigere Dinge auf der Welt, die man erforschen müsste?" Ein Vorurteil, mit dem ich nicht allein zu kämpfen habe. Auch der Soziologe Mariusz Finkielsztein beschreibt in seiner Doktorarbeit, wie schwer es war, als Langeweileforscher ernstgenommen zu werden.[3] Als er sein Dissertationsvorhaben an der soziologischen Fakultät eingereicht hatte, kam zunächst einmal eine Ablehnung. Das Komitee war nicht überzeugt von der wissenschaftlichen Wichtigkeit des Themas.

Nur durch einen Zufall (ein anderer Kandidat war abgesprungen und man brauchte Ersatz) wurde er schließlich als Doktorand angenommen. Stolpersteine gab es auf seinem Weg zum Langeweileforscher allerdings weiterhin. Bei der Beantragung finanzieller Mittel schrieb der Gutachter, dass es bereits mehr Forschung dazu geben müsste, wenn Langeweile wirklich, wie behauptet, ein wichtiges Thema für die Soziologie wäre. Die Krönung war dann, dass seine Suche nach Interviewpartner*innen zum Thema akademische Langeweile von einem Rezipienten für einen schlechten Witz gehalten und zur Belustigung an den gesamten Mailverteiler der Fakultät weitergeleitet wurde.[4]

Andere Langeweileforscher*innen berichten von ähnlichen Erfahrungen oder zumindest von Gelächter und Spott. Ich selbst habe mal den kollegialen Rat bekommen, mir lieber ein relevanteres Forschungsthema zu suchen, sofern ich eine Professur anstreben sollte. Der Langeweileforscher Borelli bringt es auf den Punkt, wenn er erklärt, dass die Auseinandersetzung mit diesem Thema vielen Menschen wenig nützlich erscheint, wenn sie es mit der Erforschung vermeintlich wichtigerer Probleme wie z. B. Flucht, ökonomischen Krisen oder Klimawandel vergleichen.[5]

Na klar, es gibt immer drängendere Themen, es gibt immer irgendwo größeres Leid. Aber nur weil andere Probleme auch schlimm oder gar noch schlimmer sind, ist

Langeweile nicht trivial. Ein klarer Fall von Whataboutism: „Du denkst also, Langeweile ist unangenehm? Aber was ist mit Krieg?" Game over! Natürlich ist Krieg schlimmer als Langeweile – aber auch schwerwiegender als viele andere Themen, die in der Wissenschaft tagtäglich untersucht werden. Ganz besonders von soziologischen Forscher*innen, die beispielsweise auch männliche Ko-Schwangerschaften[6], Interaktionen in Fahrstühlen[7] und das Warten auf Amtsfluren[8] grandios erforschen, scheint mir der Vorwurf der Trivialität absurd. Eine derartige Skepsis wie sie Mariusz Finkielsztein erlebt hat, überrascht mich. Ich hätte wirklich mehr Offenheit und Reflexionsfähigkeit von der soziologischen Community erwartet. Und von meinem Umfeld auch. Ich erinnere mich noch lebhaft daran, wie mir mein Leiden an der Langeweile immer wieder abgesprochen wurde: „Freu dich doch, ich habe so viel zu tun!" Stress ist für viele Menschen erst einmal das schwerwiegendere Problem. Aber wollen wir das wirklich gegeneinander aufwiegen? Wo kommen wir denn da hin? Stress ist schlimm, Langeweile auch. Burnout ist ein ernstzunehmendes Problem, Boreout aber ebenso.

Der Wunsch nach einer befriedigenden Tätigkeit und das Streben nach der Entfaltung unserer Interessen ist ein wichtiges menschliches Bedürfnis. Ist es uns dauerhaft nicht möglich, diesem Wunsch nachzugehen, bleiben wir im Gefühl der Langeweile stecken und gehen ein wie eine Pflanze ohne Licht. Bei einer Bekannten habe ich das aus unmittelbarer Nähe miterleben können. Seit ihrer Ausbildung war sie viele Jahre als Beamtin im Staatsdienst tätig. Vor ein paar Jahren wurde ihr Posten jedoch wegrationalisiert, und seitdem befindet sie sich im sogenannten Überhang. Das bedeutet, dass sie nun bundesweit versetzt, befristet abgeordnet und auch auf unterwertigen Arbeitsplätzen beschäftigt werden darf. Prinzipiell kann sie also überall im öffentlichen Dienst eingesetzt werden, wo es gerade Arbeit gibt. Seit sie im Überhang ist, verbringt sie allerdings den größten Teil ihrer Arbeit in einem Raum ohne tagesfüllende Aufgabe und manchmal auch ohne Computer. Ein Tisch, ein Stuhl, ein Telefon – das ist alles. Eine Weile hat sie sich mit den typischen Strategien über Wasser gehalten, die ich auch aus meiner Zeit als Industriekauffrau kenne: Besorgungen für Kolleg*innen machen, Blumen gießen, essen oder einen Roman auf dem Tablet lesen. Anfangs fiel ihr meist noch irgendein Zeitvertreib ein. Inzwischen sitzt sie aber immer häufiger weinend auf meinem Sofa. Sie weiß nicht mehr, wie sie sich beschäftigen soll. Die meisten ihrer Kolleg*innen in ähnlichen Situationen haben sich längst dauerkrank gemeldet oder sind in den Frühruhestand gegangen (was wohl auch das Ziel des Ganzen ist). Sie kann nicht mehr schlafen, hat Angst vor jedem neuen Tag und fühlt sich vollkommen nutzlos. Auch sie ist kurz davor, alles hinzuschmeißen: „Wenn ich nicht bald gehe, dann langweile ich mich da noch zu Tode!"

Sich acht Stunden am Tag zu langweilen, das hält man nicht lange aus. Langeweile ist ein hochunangenehmer Gefühlscocktail aus Müdigkeit, Stress, Unruhe und dem Gefühl, dass ein Augenblick ewig dauert. Erich Fromm beschreibt sie als eines der größten Übel der Menschheit: „Es gibt nur wenige Dinge, die in gleicher Weise quälend und unerträglich sind wie die Langeweile. (...) Trauer und Tragik sind noch leichter zu ertragen als Langeweile." Gelangweilt sein, so Fromm, ist als wäre man lebendig tot.[9]

Damit liegt er gar nicht so verkehrt. Im Gegenteil: Seine Einschätzung ist mit Blick auf die aktuelle Studienlage zu den Auswirkungen von Langeweile sogar noch eine Untertreibung. In der Redewendung „Ich langweile mich zu Tode" liegt nämlich einiges an Wahrheit. In einer Langzeitstudie mit 7524 Teilnehmer*innen haben die Epidemiolog*innen Anniee Britton und Martin Shipley herausgefunden, dass Menschen, die sich häufig langweilen, ein überdurchschnittlich hohes Mortalitätsrisiko haben.[10] Wie das immer so ist mit statistischen Studien, ist der genaue Kausalzusammenhang zwischen Langeweile und erhöhtem Mortalitätsrisiko allerdings nicht ganz klar. Wahrscheinlich ist es nicht die Langeweile selbst, die einen früheren Tod herbeiführt. Verantwortlich sind eher die Bedingungen, die zur Langeweile geführt haben. In der Studie von Britton und Martin waren es vor allem Menschen, die ihre Gesundheit negativ einschätzten, die beruflich wenig qualifiziert waren, die schlecht bezahlte Jobs hatten und die sich wenig körperlich betätigten, die von übermäßiger Langeweile berichteten. Sie war hier scheinbar der Ausdruck für prekäre Lebensumstände. Für genau die oben genannten Gruppen ist es wahrscheinlich besonders schwer, einen guten Umgang mit Langeweile zu finden. Körperliche Einschränkungen verringern den Bewegungsradius und die Unternehmungsmöglichkeiten; mit einem niedrigen Bildungsniveau findet sich nicht so schnell ein interessanterer Job.

Sind die langfristigen und gesunden Bewältigungsstrategien blockiert, greifen viele Menschen auf eher ungesunde Bewältigungsstrategien zurück. Viele Studien zeigen, dass Langeweile Glücksspiel, Essstörungen, Alkoholsucht und Drogenabhängigkeit befördert.[11][12][13] Und damit nicht genug. Hinzu kommt, dass Langeweile das Risiko von Unfällen erhöht,[14] was ein weiterer Beweis dafür wäre, dass an der Redewendung der tödlichen Langeweile etwas Wahres dran ist. Aber auch, wenn sie glücklicherweise meist nicht direkt zum Tod führt, sind die negativen Auswirkungen auf das körperliche und psychische Wohlbefinden massiv: Langeweile korreliert mit einer ganzen Reihe weiterer negativer Emotionen wie Angst, Einsamkeit, Wut und Aggression.[15] Sie ist eng verbunden mit der Depression[16], geringer Jobzufriedenheit[17] und schlechten sozialen Beziehungen[18]. Manche Forscher*innen behaupten sogar, dass gelangweilte Gesellschaften anfälliger für Kriege sind.[19]

Und das sind alles nur die großen, statistisch belegten Zusammenhänge, die zeigen, warum die Auseinandersetzung mit Langeweile wichtig ist. Ich bin mir sicher: Die kleinen, persönlichen Geschichten werden häufig gar nicht geteilt. Zu groß ist der Glaube, dass Langeweile der eigene Fehler ist, zu schwer wiegt das Stigma der Faulheit. Dabei müssen genau diese Geschichten raus in die Welt, damit wir nicht nur begreifen, dass Langeweile ein ernstzunehmendes Problem sein kann, sondern auch erkennen, dass sehr viele Menschen mit ihr zu kämpfen haben. Es braucht mehr als wissenschaftliche Studien dafür. In der Langeweileforschung ist mittlerweile angekommen, dass Langeweile keine Trivialität ist. Auf Instagram und Twitter hingegen finden sich unter dem Hashtag #boredommatters nur ein paar vereinzelte Posts darüber, dass Langeweile wichtig sei für die Kreativität. Zeit für eine Neudeutung, denke ich.

3.

Neugedacht: Wie ich auf die Langeweile blicke

Bevor ich zu den großen Zusammenhängen zwischen gesellschaftlichen Strukturen und Langeweile komme, braucht es ein paar Grundlagen. Angefangen bei der simplen Frage: Was ist Langeweile überhaupt? Es ist wirklich erstaunlich: Da habe ich mir für meine Doktorarbeit ein so bekanntes Alltagsphänomen ausgesucht und trotzdem ist es ungeheuer schwer, anderen Menschen zu erklären, was Langeweile denn genau ist. Das ist für mich immer wieder überraschend, denn solange das Thema in einem Gespräch nicht explizit zur Sprache kommt, wissen die meisten Menschen eigentlich ganz gut, was Langeweile ist. Ständig erwähnen sie, dass der Film gestern langweilig war oder im Gegenteil, dass gerade so viel los sei, es dadurch aber immerhin nicht langweilig werde. Besonders präsent ist das Thema außerdem bei den meisten Eltern von Kleinkindern oder Teenagern. Die ganz Kleinen und die großen Kleinen kommentieren den Verwandtenbesuch oder die Autofahrt nämlich besonders gerne mit einem gequälten „Mir ist sooo laangweilig!". Wenn ich aber erwähne, dass ich zum Thema Langeweile forsche, sehen mich genau die Menschen, die gerade noch ganz selbstverständlich von einem langweiligen Film geredet haben, häufig verwirrt an. Eine der ersten Fragen lautet dann eigentlich immer: „Und wie definierst du Langeweile?"

Eine Antwort darauf zu finden, ist gar nicht so einfach. Auch wenn Langeweile so weit verbreitet und den meisten Menschen gut vertraut ist, ist sie gleichzeitig schwer erkenn- und benennbar. Sie ist komplex und hat so viele unterschiedliche Facetten, dass manch ein*e Langeweileforscher*in sogar vorschlägt, nicht von Langeweile im Singular, sondern von Langeweile*n* im Plural zu sprechen.[20] Von der Einigung auf eine disziplinübergreifende Definition ist die Langeweileforschung auch noch ziemlich weit entfernt. Ich sehe das nicht so sehr als Manko, denn es kann durchaus sinnvoll sein, Langeweile gar nicht so eng zu definieren. Damit bleibt Platz für das unterschiedliche Empfinden unterschiedlicher Menschen. Dennoch ist nicht unwichtig, ein Gespür dafür zu bekommen, wie sich Langeweile äußern kann und was sie im Kern ausmacht, denn so kann man sie viel besser und bewusster bei sich selbst erkennen und es kommt zu weniger Missverständen, wenn man drüber spricht.

Wer also aus guten Gründen eine kurze und prägnante Definition sucht, der*dem lege ich zunächst einmal die Formulierung vom führenden psychologischen Langeweileforscher John Eastwood ans Herz. Eastwood hat viel Arbeit investiert, eine passende Definition zu finden, die langfristig zu mehr Einheitlichkeit in der Langeweileforschung führen soll. Auf Grundlage verschiedener Theorien und einer eigens durchgeführten Befragung definiert er Langeweile als die „aversive Erfahrung, einer befriedigenden Tätigkeit nachgehen zu wollen, es aber nicht zu können".[21] Ich denke nicht, dass man Langeweile noch besser in so wenigen Worten zusammenfassen kann. Hier stecken nämlich schon ziemlich viele wichtige Erkenntnisse drin: zunächst einmal, dass Langeweile *aversiv* ist. Übersetzt heißt das, dass sie sich unangenehm anfühlt und einen Widerwillen hervorruft. Die betroffene Person will nicht in diesem Zustand bleiben. Will sie es doch und fühlt es sich gerade richtig gut an, dann handelt es sich höchstwahrscheinlich nicht um Langeweile im Sinne dieser Definition, sondern um Entspannung.

Darüber hinaus ist es eine wichtige Voraussetzung für Langeweile, sich eine befriedigende Tätigkeit zu wünschen. Wenn dieser Wunsch nicht (mehr) da ist, dann wird aus der Langeweile Apathie. Im Gegensatz zur Apathie ist Langeweile kein Zustand der Gleichgültigkeit. Im Gegenteil: Langeweile ruft in uns den unbedingten Drang hervor, die Situation zu verlassen und etwas anderes, sinnvolleres oder spannenderes zu tun – es ist nur gerade nicht möglich. Dafür muss hinter der Langeweile immer noch ein Stück Erwartung und Hoffnung liegen, dass es anders oder besser sein könnte und sollte. Insofern ist auch chronische Langeweile keine Form der Depression, auch wenn es Überschneidungen gibt. Gelangweilte Menschen sind, im Gegensatz zu Menschen in akuten depressiven Phasen, nicht antriebs- oder interessenlos. Sie können ihren Interessen nur eben gerade bzw. manchmal auch über einen längeren Zeitraum nicht nachgehen.

Das ist dann auch schon direkt die nächste Bedingung für Langeweile. Sie kommt nämlich logischerweise nur zustande, wenn der Wunsch nach Befriedigung unerfüllt bleibt, sei es aus externen Gründen (z. B. weil Langeweile kein legitimer Grund ist, den Arbeitsplatz zu verlassen) oder internen Gründen (z. B. weil ich mich nicht aufraffen kann oder nicht genau weiß, was ich gerne tun möchte). Letzteres empfinden wir häufig als besonders quälend. Da warten wir tagelang aufs Wochenende, an dem wir tun und lassen können, was wir möchten, und wenn es dann mit all seinen Möglichkeiten vor uns liegt, wissen wir gar nicht so richtig, was wir jetzt damit anfangen sollen. Zu müde, zu träge, zu faul, um sich für etwas Schönes aufzuraffen, aber trotzdem gelangweilt vom Abhängen. Eastwood hat dieses Gefühl damit verglichen, wie es sich anfühlt, wenn uns ein Wort auf der Zunge liegt, aber wir einfach nicht draufkommen: Wie hieß dieser Film nochmal? Wie ging der Refrain des Liedes? Wie war noch gleich der Name von Berthas Mann? Das Wort bzw. die Befriedigung ist zum Greifen nah. Es kann doch nicht so schwer sein! Aber wir kommen trotzdem nicht drauf. Oder eben: Es bleibt unklar, was wir nun eigentlich lieber machen würden. In diesem Sinne hatte Susan Sontag Recht, als sie behauptete, Langeweile sei nur eine bestimmte Art von Frustration.[22] (Auch wenn sie es in einem anderen Zusammenhang erwähnte: Laut Sontag ist das gängige Etikett „langweilig" für zeitgenössische Kunst ein Ausdruck für den Frust des konventionellen Publikums, ein Werk nicht zu verstehen.)

Wie bereits erwähnt ist Langeweile aber ohnehin viel zu komplex, um sie in eine starre Definition zu stecken. Im Grunde ist sie nämlich nicht nur *ein* Gefühl, sondern eine Mischung aus einer ganzen Reihe verschiedener Gefühle und Zustände, beispielsweise:

— Geringer Antrieb in Form von Müdigkeit und Antriebslosigkeit bei gleichzeitig gesteigertem Antrieb in Form von Stress oder Rastlosigkeit[23]

- Konzentrationsschwierigkeiten[24]
- Verlangsamtes Zeitempfinden[25]
- Ein subjektives Gefühl von Sinnlosigkeit[26] und/oder Ausweglosigkeit[27]
- Antrieb, die Situation zu verändern[28]
- Aversive Gefühle gegenüber der Erfahrung[29]

Langeweile kann außerdem stark in ihrer Dauer und Intensität variieren, was wiederum spezifische Formen hervorbringt: Ist die Langeweile nur von kurzer Dauer und bezieht sich klar auf eine spezifische Situation (beispielsweise auf das Warten im Stau oder auf einen Film) handelt es sich um situative Langeweile. Hält Langeweile hingegen über einen längeren Zeitraum an und umfasst größere Teilbereiche des Lebens, handelt es sich um chronische Langeweile (beispielsweise, wenn Langeweile bei der Arbeit ein generelles Phänomen ist). Bezieht sich Langeweile schlussendlich auf das Leben als Ganzes, sprechen Forscher*innen von existenzieller Langeweile. Auch wenn es zwischen diesen unterschiedlichen Formen der Langeweile viele Überschneidungen gibt und die Übergänge fließend sein können, handelt es sich durch ihre spezifische Intensität, Dauer und Bezugspunkte um unterschiedlich gelagerte und voneinander abgrenzbare Phänomene.[30] Während situative Langeweile zum alltäglichen Leben gehört und über den Moment hinaus wenig negativen Einfluss auf das subjektive Wohlbefinden hat, können chronische sowie existenzielle Langeweile-Erfahrungen erhebliche negative Konsequenzen für das psychische und physische Wohlbefinden haben (siehe Kapitel 2). Wenn ich also sage, dass Langeweile heutzutage in meinem eigenen Leben kaum noch eine Rolle spielt, dann rede ich von chronischer Langeweile. Die situative Langeweile erlebe ich immer noch. Allein in der letzten Woche habe ich mich mehrmals gelangweilt: Als ich auf einer Konferenz einigen der englischsprachigen Vorträge nicht folgen konnte, als es in einem Meeting um Themen ging, die mich nicht betrafen, oder als mein Sohn zwei Stunden lang das gleiche Rollenspiel spielen wollte. Das ist schon okay, diese Art von Langeweile kann man nicht komplett und für immer loswerden, man kann nur mit ihr umgehen lernen. Zum Beispiel, indem man sich klar macht, dass es eben gerade wichtig ist, dem Kind eine Freude zu machen und dass die Langeweile im Verhältnis dazu nur ein kleiner Preis ist. Manchmal verändert sie sich dadurch sogar und verschwindet, aber darum geht es mir gerade gar nicht. Der Punkt ist, dass es im Leben um so viel mehr geht als immer und überall nur den eigenen Interessen zu folgen. Und selbst wenn wir das wollten, würden wir zwangsläufig scheitern, denn wir haben nicht immer alles selbst in der Hand. Es gibt einige Dinge auf der To-do-Liste des Lebens, um die wir nicht so leicht drum herumkommen, auch wenn wir sie wenig interessant finden. Situative Langeweile ist ein Ausdruck davon. Manche Dinge sind leider wichtig *und* für viele Menschen langweilig: die Steuererklärung machen zum Beispiel. Oder zur Ärztin gehen, obwohl man dort stundenlang im Wartezimmer sitzen muss. Spätestens, wenn die Rückzahlung auf meinem Konto landet oder das Medikament meinen Schmerz lindert, hat es sich gelohnt, das bisschen Langeweile auszuhalten. Gibt Schlimmeres. In diesem Sinne ist es mir wichtig zu betonen, dass Langeweile nicht per se etwas Pathologisches ist. Wir müssen nicht jeden Moment der Langeweile beseitigen. Sie kann durchaus ein banales Alltagsgefühl sein, das nicht der Rede wert und meist auch schnell wieder vergessen ist. Es lohnt sich sogar, diese Art der Langeweile anzunehmen, anstatt immer gleich das Handy zu zücken und sich abzulenken. Nur dann, wenn wir sie nicht zwanghaft vermeiden wollen, können wir Pausen und Erholung in unserem Leben integrieren (mehr zu diesem Aspekt in Kapitel 5: „Nichtstun ist langweilig").

Ganz anders verhält es sich mit der chronischen oder existenziellen Langeweile. Sie ist extrem destruktiv und vermindert die Lebensqualität stark. Nicht weil Langeweile per se etwas Schlechtes ist, sondern einfach weil *zu viel* davon schlecht ist. Es ist wie mit den meisten Dingen im

Leben: Die Dosis macht das Gift. Natürlich sind alle Gefühle wichtig, auch die unangenehmen. Wut lässt uns für unsere Grenzen einstehen, Angst warnt uns vor Gefahren und hält uns damit am Leben und Langeweile macht uns darauf aufmerksam, dass wir nicht im Einklang mit unseren Fähigkeiten sind. Sie hat die evolutionäre Funktion, uns anzutreiben, in die Welt zu gehen, sie zu erkunden und uns dabei weiterzuentwickeln.[31] Aber wenn unangenehme Gefühle zum Dauerzustand werden, dann erfüllen sie ihre Funktionen nicht mehr. Die Problemlösung ist offensichtlich blockiert; es gibt weder Erkundungen jenseits des Bekannten noch Weiterentwicklung. Das Leben an sich oder große Teile davon als langweilig zu empfinden, sollte kein Dauerzustand sein. Chronische Langeweile ist ein eindeutiges Alarmsignal dafür, dass etwas nicht stimmt und wir endlich anfangen sollten, etwas zu ändern.

Die große Frage ist nur, was genau eigentlich nicht stimmt, wenn Menschen chronisch gelangweilt sind. Die Antwort darauf variiert je nach Perspektive. Psychoanalytisch betrachtet resultiert Langeweile beispielsweise aus einer Art Passivität. Laut dem Analytiker Ralf Zwiebel wüssten gelangweilte Menschen selbst nicht, was sie wollen, und suchen nach einem Objekt im Außen, das sie aus der Langeweile befreien soll. Sie fordern andere Menschen auf, ihnen zu sagen, was sie tun sollen, sind aber dennoch gelangweilt, weil es nicht ihren eigenen Interessen entspricht.[32] Oder aber, jedenfalls wenn es nach dem Analytiker Otto Fenichel geht, Menschen haben Angst vor dem Ausleben ihrer Triebe und inneren Impulse, sodass sie es vorziehen, lieber gar nichts zu wollen. Fenichel zitiert dazu in seinem Artikel *Die Psychologie der Langeweile* einen seiner Patienten: „Ich bin erregt. Lasse ich die Erregung weiter zu, so bekomme ich Angst. Deshalb sage ich mir: Ich bin gar nicht erregt, ich will gar nichts tun."[33] In der kognitiven Psychologie hingegen sieht man die Ursache von Langeweile eher als ein Konzentrationsproblem.[34] Wenn eine Person beispielsweise von AD(H)S betroffen ist und es ihr daher schwerfällt, ihre Aufmerksamkeit zu halten, dann ist sie tendenziell auch schneller gelangweilt als Menschen mit einer hohen Konzentrationsfähigkeit. In der Organisationsforschung geht es hingegen häufig um Langeweile durch Unterforderung, Überforderung oder einfach schlechter Passung zwischen Person und Umgebung bzw. Tätigkeit.[35] In der modernen philosophischen Langeweileforschung betrachtet man wiederum die Funktion der Langeweile und sieht in ihr einen Selbstregulationsmechanismus, der darauf hinweist, dass die momentane Tätigkeit nicht im Einklang mit den eigenen Fähigkeiten und Interessen ist.[36] So verstanden könnten wir die Langeweile sogar zur Persönlichkeitsweiterentwicklung (wahlweise auch Selbstoptimierung genannt) nutzen. In der klassischen Philosophie hingegen wird ihr destruktives Potenzial betont. Laut Kierkegaard ist sie die Wurzel allen Übels.[37]

Neben der Soziologie gibt es also offensichtlich noch viele unterschiedliche Arten, auf die Langeweile zu blicken. Alle davon beleuchten wichtige Facetten und lassen andere außer Acht. Keine davon ist besser oder schlechter als die andere, und ich werde auf einige davon im Verlauf dieses Buches nochmal zurückkommen. Allerdings unterscheidet sich meine Perspektive entschieden von all den bislang erwähnten, denn als Soziologin betrachte ich Langeweile nicht als individuelles, sondern als ein gesellschaftliches Phänomen. Das heißt, für mich und andere Soziolog*innen[38][39][40] liegen die Ursachen für Langeweile nicht (nur) in der Person oder Situation selbst, sondern in den gesellschaftlichen Rahmenbedingungen, die das Denken und Handeln der einzelnen Gesellschaftsmitglieder beeinflussen. Dazu gehören beispielsweise soziale Ungleichheiten, die es einzelnen Mitgliedern der Gesellschaft schwerer machen als anderen, als befriedigend geltende Ziele zu erreichen. Dazu gehört außerdem die Sichtweise, dass Gefühle nicht naturgegeben, sondern immer auch (zumindest anteilsweise) sozial konstruiert sind. Auch wenn das körperliche Gefühl der Langeweile an sich über verschiedene Kulturen oder Epochen hinweg gleich bleibt, kann sich die Deutung dieses

Gefühls je nach historischem oder kulturellem Kontext gravierend unterscheiden: Ob Langeweile etwas Gutes oder Schlechtes ist, ob wir sie offen zeigen können oder verbergen sollen und welchen Gruppen wir sie zuschreiben, ist demnach eine Frage des jeweiligen Zeitgeists.

Auch wenn es heute schwer vorstellbar ist, war Langeweile nicht immer negativ besetzt. Während die wichtigen Menschen des 21. Jahrhunderts sich dadurch hervorheben, besonders viel zu arbeiten und besonders wenig Zeit zu haben, gab es historisch betrachtet einige Zeiten, in denen ein arbeitsfreies Leben das größte Privileg war. Beispielsweise das 17. Jahrhundert in Frankreich: Zu dieser Zeit war Langeweile (so jedenfalls die vorwiegende Deutung)[41] ein Ausdruck von Wohlstand und damit in gewisser Hinsicht positiv besetzt – selbst wenn sich Langeweile auch damals nicht zwangsläufig gut angefühlt hat. Wie das ungefähr gewesen sein könnte, möchte ich anhand einer historisch inspirierten Anekdote illustrieren.

Stellen wir uns vor, zwei französische Aristokratinnen aus dem 17. Jahrhundert sitzen im Hofgarten von Versailles und vertreiben sich den Nachmittag mit einer Tasse Tee. Seit einigen Jahren verfügt die Aristokratie schon nicht mehr über den politischen Einfluss, den sie in der Vergangenheit hatte. Die Zeiten der großen Macht sind vorbei, und Versailles ist zu einem reinen Hofadel geworden. Das

Geld ist zwar eine Weile noch da, aber konkrete Aufgaben gibt es nur noch wenige. In dieser Kulisse sitzen die beiden Damen in ihren feinen Kleidern, trinken genüsslich Tee und beschweren sich, wie schrecklich langweilig das Leben doch geworden sei. Beide sind unzufrieden mit ihrem höfischen Dasein und reden nostalgisch über die gute alte Zeit. Gleich neben ihnen in Hörweite arbeitet der Gärtner seit Stunden hart für seinen Hungerlohn. Er ist erschöpft, aber der Feierabend liegt noch in weiter Ferne. Wenn er nach dem langen Tag endlich zu Hause ankommt, warten auch dort noch unzählige Dinge darauf, erledigt zu werden. Was mag er wohl denken? Wahrscheinlich so etwas wie ein augenrollendes „Ich wünschte, ich hätte mal deren Langeweile" und dass die beiden es, verglichen mit ihm, doch ziemlich gut haben. Aus Sicht des arbeitenden Untertans muss das Klagen über endlos verfügbare Zeit absurd klingen. Für ihn und für die meisten Menschen seiner Epoche ist Langeweile ein Privileg, das vorwiegend der oberen Gesellschaftsschicht vorbehalten ist. Für die weniger Betuchten stehen andere Sorgen im Vordergrund. Sich in dieser Zeit zu langweilen bedeutet also, dass man anderen Menschen schon mit ein bisschen Gähnen und Däumchendrehen den eigenen Wohlstand unter die Nase reiben kann.

Heutzutage hingegen schreiben wir Langeweile nicht mehr so sehr den Reichen und Einflussreichen, sondern häufig den Arbeitslosen, den Hausfrauen oder den Rentner*innen zu. Also immer noch denjenigen, die nicht lohnarbeiten, aber meist aus weniger privilegierten Gründen. Anerkennung und gesellschaftliche Teilhabe sind in unserer Gesellschaft an Lohnarbeit und Produktivität gekoppelt, Arbeitslosigkeit ist ein Stigma und auch die wohlverdiente Rente geht mit einem gesellschaftlichen Bedeutungsverlust einher. Die meisten von uns wollen da doch lieber dem Bild des erfolgreichen, viel beschäftigten Workaholics entsprechen, anstatt mit Nichtarbeit und Langeweile in Verbindung gebracht zu werden. Der Satz „Ich hätte gerne mal wieder Langeweile" ist heute weniger ein neidvoller Blick auf die Langeweile der anderen als vielmehr ein sich selbst erhöhendes Statement. Es drückt aus, dass man weder Zeit noch Langeweile hat, weil man fleißig, wichtig und erfolgreich ist. Für ein „Mir ist immer so langweilig" bekommt man keinen Applaus, sondern wird skeptisch beäugt. Was ist denn da los, dass jemand nichts mit der eigenen Zeit anzufangen weiß, obwohl es unzählige Unterhaltungsangebote und Beschäftigungsmöglichkeiten gibt? Oder wie es eine*r meiner Interviewpartner*innen in meiner Studie über Langeweile in der Quarantäne ausgedrückt hat: „Ich habe ein Haus und einen Garten. Ich wüsste nicht, wie man sich da langweilen könnte."

Aber genau das ist eben der Punkt: Nicht alle Menschen haben genug Geld, um das Unterhaltungsangebot zu nutzen, nicht alle haben einen Garten, den sie gestalten können, nicht alle haben ein Yogastudio um die Ecke und nicht alle haben ein großes soziales Netz aus Menschen, mit denen sie ihre Zeit verbringen können. Langeweile ist kein rein persönliches Phänomen, für das jede*r selbst verantwortlich ist. Es gibt viele handfeste gesellschaftliche Umstände, die es manchen Menschen leichter und anderen schwerer machen, ein langeweilefreies Leben zu leben. Und das ist erst die halbe Geschichte: Neben diesen gesellschaftlichen, materiellen Ungleichheiten, die Langeweile für bestimmte Gruppen wahrscheinlicher macht, gibt es auch noch diffusere Einflussfaktoren, die es allen Menschen schwer machen, ein erfülltes Leben ohne Langeweile zu führen. Dazu gehören etwa falsche kapitalistische Konsumversprechen, die uns einreden, wir könnten existenzieller Langeweile durch den Kauf von Dingen entfliehen, oder die Tabuisierung von Langeweile, die es Menschen erschwert, sie zuzugeben und zu bewältigen.

Soziale Ungleichheiten prägen nicht nur, wie viel Geld in unserem Portemonnaie ist, sie prägen auch unser Denken. Was wir als erstrebenswert empfinden und für erreichbar halten, welche Erwartungen ans Leben wir verinnerlicht haben und welche Unsicherheiten wir für ein langeweilefreies Leben in Kauf nehmen können, ist eng verbunden mit unserem Herkunftsmilieu, unserem Geschlecht, unseren Diskriminierungserfahrungen oder unseren körperlichen

Einschränkungen. An dieser Stelle lohnt sich immer auch der Blick auf beide Enden des Spektrums. Soziale Ungleichheiten erzeugen zwar in erster Linie Langeweile für die weniger Privilegierten des Systems, sind aber schlussendlich schlecht für alle. In einer Gesellschaft, in der die soziale Herkunft anstatt der eigenen Interessen die Berufswahl bestimmt, steckt häufig nicht nur die*der Fließbandarbeiter*in, sondern auch die*der Rechtsanwält*in in einem unpassenden und als langweilig empfundenen Job.

All das werde ich auf den nächsten Seiten ausführlich beleuchten. Vorweg aber schon einmal auf den Punkt gebracht: Wenn ich in diesem Buch von Langeweile spreche, geht es um chronische Langeweile, die ich als eine Folge gesellschaftlicher Machtverhältnisse, Normen und Zwänge verstehe. Ich denke, es ist höchste Zeit, die wichtigen und richtigen psychologischen Erkenntnisse um eine soziologische Perspektive zu ergänzen. Das ist wichtig, denn wenn wir Langeweile ausschließlich als individuelles Phänomen betrachten, tun wir so, als hätten alle Menschen die gleichen Voraussetzungen für ein nichtlangweiliges Leben – und das stimmt so einfach nicht. Allerdings verstehe ich Langeweile trotzdem nicht ausschließlich als Problem marginalisierter Gruppen. Gesellschaftliche Zwänge und Normen beeinflussen alle Menschen in einer Gesellschaft, und in Wirklichkeit sind auch alle Menschen hin und wieder gelangweilt.

Langeweile also allein Menschen ohne Lohnarbeit und Rentner*innen zuzuschreiben, beruht auf einer Idealisierung von Arbeit, falschen Vorstellungen von Nichtarbeit und einem unzureichenden Verständnis davon, was Langeweile ist. In diesem Sinne: Langeweile kann eine ganze Menge über die Gesellschaft verraten.

4.

Irgendwie ist doch alles politisch! Jetzt sogar Langeweile?

Wenn man die Ursachen der Langeweile aus gesellschaftlicher Perspektive betrachtet, kommt man nicht umhin, sie als politisch zu begreifen. Es lohnt sich, genauer hinzuschauen, in welche Tradition sich dieses Buch damit stellt und was das für den Blick auf die Langeweile bedeutet. Dafür müssen wir zunächst eine kleine Zeitreise in die Student*innenbewegung und die sogenannte zweite feministische Welle um das Jahr 1968 machen. Während Frauen in der ersten feministischen Welle ab Mitte des 19. Jahrhunderts erfolgreich große politische Errungenschaften wie das Wahlrecht oder den Zugang zur universitären Bildung für sich erkämpften, blieben die Geschlechterrollen in den alltäglichen, privaten Bereichen zunächst wie gehabt. Eine

Diskrepanz, die Frauen in den 1960er Jahren zunehmend weniger hinnehmen wollten. So schreibt beispielsweise die Politikwissenschaftlerin Gisela Rielscher über die Student*innenbewegung in der BRD, dass die großen politischen Forderungen nach Antiautorität im starken Kontrast zum im Kleinen gelebten autoritären Rollenverhalten des Sozialistischen Deutschen Studentenverbunds (SDS) standen: „Die weiblichen SDS-Mitglieder kamen auf öffentlichen Veranstaltungen kaum zu Wort, sie tippten die Flugblätter, kochten den Kaffee und betreuten die Kinder, während die Kommilitonen die privaten und öffentlichen Diskussionen anführten und als Demonstrationsführer oder wortgewaltige Versammlungsredner auftraten."[42] Diese offensichtliche Diskrepanz im Rahmen der internationalen Student*innenbewegungen, aber natürlich auch darüber hinaus, war Auslöser für eine radikal neue Erkenntnis: Es reicht nicht, Rechte für Frauen formal zu verankern, solange gleichberechtigte Strukturen nicht auch gelebt werden. Das Private ist politisch. Populär wurde dieser Satz schließlich durch den gleichnamigen Essay der Frauenaktivistin Carol Hanisch, auch wenn nicht ganz geklärt ist, auf wen genau der Slogan zurückgeht.[43]

Dieser Gedanke, auch bekannt als Politik der privaten Person, hat in der Frauenbewegung der 1970er Jahre erfolgreich die Trennlinie zwischen Öffentlichkeit und Privatsphäre aufgebrochen. Plötzlich war klar: Dass Frauen (jedenfalls in Westdeutschland) selten (Vollzeit) arbeiteten und sich vorwiegend um den Haushalt kümmerten, war nicht einfach eine private Entscheidung. Es hatte eine ganze Menge damit zu tun, in welcher Gesellschaft westdeutsche Frauen damals lebten und welche Gesetze dort galten. Der Slogan „Das Private ist politisch" wies in den folgenden Jahrzehnten immer wieder darauf hin, dass die Gleichberechtigung von Frauen nicht beim Wahlrecht aufhörte, sondern viel diffusere, vermeintlich private Bereiche umschloss: Ob Menschen heiraten und wer überhaupt heiraten darf, wie viel sie arbeiten, wie der Haushalt aufgeteilt wird oder wer sich um die Kinder kümmert – all das ist letztlich immer auch das Ergebnis gesellschaftlicher Machtstrukturen, Denk- und Handlungsmuster. Es als rein persönliche Entscheidung zu begreifen, wird der Sache nicht gerecht. Man kann einer Frau nicht zuerst einreden, dass ihre Rolle am Herd und beim Kind ist, und ihr jegliche andere Verwirklichung teilweise per Gesetz verwehren und dann so tun, als wären der Teilzeitjob und die Rolle als Hausfrau einfach nur eine individuelle Vorliebe. Häufig wird aber genau das getan, und so bleibt der gesellschaftliche Apparat dahinter, der eine bestimmte Lebensweise nahelegt, unsichtbar.

Heute, im Jahr 2023, ist „Das Private ist politisch" ein wenig ausgelutscht, auch wenn der Satz kaum etwas von seiner Wichtigkeit eingebüßt hat. Inzwischen ist eigentlich alles politisch: Sprache[44], Liebe[45], Stillen[46], Emotionen allgemein[47] und nun auch die Langeweile im Speziellen. Es nervt manchmal fast schon, wie häufig dieser Satz bemüht wird, aber es ist halt einfach wahr. Alles, wirklich alles ist letztlich politisch! Oder immerhin: Da ist in Wirklichkeit gar keine Grenze zwischen Privatheit und Politik oder zwischen Individuum und Gesellschaft. Und das betrifft nicht nur Geschlechterungleichheit, sondern auch alle anderen Dimensionen sozialer Ungleichheit: Rassismus, Sexismus, Ableismus, Klassismus, Queerfeindlichkeit – das alles ist längst schon so sehr mit unserem Alltagsdenken und -handeln verwoben, dass wir den Unterschied zwischen dem gesellschaftlichen Diskurs und unserer Privatmeinung nicht mehr wirklich auseinander bekommen. Fahre ich ungern Auto, weil ich eben ungern Auto fahre oder ist es eine Folge verinnerlichter Stereotype über Frauen und Folge des Patriarchats? Ich weiß es nicht, und es lohnt sich auch gar nicht, kleinteilig herauszuarbeiten, was „wirklich" inhärent persönlich und was von außen anerzogen ist. Der Mensch ist schlussendlich immer eine Mischung aus Genetik, psychologischer Disposition und gesellschaftlich geprägter Sozialisation. Der Punkt ist, dass wir gesellschaftlich häufig die individuelle Handlungsfreiheit überbetonen und den Rest geflissentlich übersehen. So kommen wir dann beispielsweise zum Schluss, Krankheit sei allein die Folge schlechter Lebensführung (zu wenig Sport, zu schlechte Ernährung), ohne anzuerkennen, dass Gesundheit und Krankheit eng mit sozialer Ungleichheit verwoben sind: je prekärer die Lebenssituation (Einkommen, Bildungsniveau, Arbeitsbedingungen), desto schlechter die Gesundheit.[48] Natürlich gibt es einiges, was wir individuell tun können, aber es ist je nach Ausgangslage unterschiedlich schwer zugänglich und umsetzbar.

Was bedeutet es also genau, wenn ich sage, dass Langeweile politisch ist? Im weitesten Sinne, dass gesellschaftliche Machtstrukturen, Denk- und Handlungsweisen mitverantwortlich für die Entstehung von Langeweile sind: Ist beispielsweise die Langeweile talentierter Frauen wie Virginia Woolf in der Moderne wirklich ein persönliches Problem oder vielleicht doch ein Ausdruck von der Schwierigkeit, ein sinnerfülltes Leben in einer männlich geformten Welt zu führen? Ist die Langeweile jugendlicher Migrant*innen in den französischen Banlieues ein Ausdruck fehlender Anstrengung oder hängt sie vielleicht doch ein kleines bisschen mit ihrer Marginalisierung zusammen? Und ist die Langeweile von geflüchteten Menschen in Deutschland nicht eher eine Folge ihres politischen Status als ihres persönlichen Charakters? Ich denke, die Antworten auf diese Fragen sind klar. Ohne den gesellschaftlichen Bezugsrahmen nicht wenigstens ein bisschen miteinzubeziehen, können wir die Entstehung und Verbreitung von Langeweile nicht begreifen.

Darüber hinaus ist Langeweile aber auch in einem sehr viel engeren Sinne politisch. Sie kann ein starker Antrieb für politische Entscheidungen und politisches Engagement sein. Auch wenn wir gerne so tun als ob: Menschliche Entscheidungen und Handlungen beruhen nicht ausschließlich auf rationalen Abwägungsprozessen. Sie sind auch ein Produkt unserer Emotionen. Mit Bezug auf Politik und Gesellschaft beispielsweise so: Bei der europäischen Konferenz für Emotionssoziologie hat mir eine israelische Aktivismusforscherin erzählt, dass ihr in einer Studie viele Rentner*innen berichteten, aus Angst vor der Langeweile heraus angefangen zu haben, sich für Klimagerechtigkeit zu engagieren. In ihren Interviews sagen die Aktivist*innen ganz explizit, dass sie sich in der neugewonnenen Zeit lieber für etwas Gutes einsetzen wollen, anstatt zu Hause zu sitzen und sich zu langweilen. Es geht bei politischem Engagement also nicht immer nur um die Sache an sich. Hier zeigt sich ganz klar die aktivierende Funktion der Langeweile. Sie ist durch ihre Unannehmlichkeit der perfekte Antrieb, etwas zu tun, auch politisch. Allerdings ist sie das im Guten wie im Schlechten. Langeweile kann ein Antrieb sein, um sich für Demokratie, soziale Gerechtigkeit und Nachhaltigkeit einzusetzen, aber auch dafür, sich einer rechtsextremen Gruppe anzuschließen und das langweilige Dorf mal so richtig aufzumischen. Eine Studie von den

Psychologen Wijnand Van Tilburg und Eric R. Igou aus dem Jahr 2016 zeigt, dass Menschen, die zur Langeweile neigen, eher politische Extreme wählen.[49] Die Soziologin Elina Tochilnikova sieht in der Langeweile ganz ähnlich eine wichtige Ursache für die Wahl von charismatischen und populistischen Politiker*innen.[50] Und die Philosophin Martha Nussbaum weist in ihrem Buch *Politische Emotionen* darauf hin, dass die negativen Auswirkungen langweiliger Politik nicht zu unterschätzen sind. Sie schreibt: „Überlässt man die Prägung von Gefühlen antiliberalen Kräften, erlangen diese einen gewaltigen Vorsprung bei der Gewinnung der Herzen der Menschen, und dann besteht die Gefahr, daß Menschen liberale Werte für lasch und langweilig halten. Ein Grund, weshalb Abraham Lincoln, Martin Luther King, Mahatma Gandhi und Jawaharlal Nehru für ihre liberalen Gesellschaften so große politische Führungspersönlichkeit waren, ist der, daß sie die Notwendigkeit erkannten, die Herzen der Bürger anzusprechen und starke Gefühle für die Herzen der Bürger anzusprechen und starke Gefühle für die gemeinsamen Aufgaben zu wecken."[51]

Es ist wichtig, sich dieser Gefahr bewusst zu sein und Langeweile als politisch zu begreifen. Menschen meiden die Langeweile, wo sie nur können. Und wenn sie liberale Politik und die demokratischen Parteien als langweilig empfinden, werden sie den Teufel tun, sich dort zu engagieren.

Politikverdrossenheit beruht nicht nur auf Unzufriedenheit, sondern auch auf Langeweile. Der Politikwissenschaftler Andreas Schedler sieht Politikverdrossenheit als ein Phänomen, das zwischen den Achsen „Distanz" und „Kritik" aufgespannt ist: Die Kritikachse umfasst Themen wie „Entzauberung, Dissens und Antipolitik". Die Distanzachse verläuft entlang von „Privatismus, Gleichgültigkeit, Desinteresse, Langeweile, Überdruss, Entfremdung".[52] Da reicht kein inhaltlich gutes Parteiprogramm, um Parteimitglieder zu gewinnen oder Wähler*innen zu mobilisieren. Wenn demokratische Parteien sich neben den konkreten Inhalten nicht auch bewusst um Gefühle kümmern, entsteht schlussendlich trotzdem ein Gefühl: Langeweile, mit all ihren Konsequenzen.

Bezeichnenderweise gibt es ein Zitat von Reichspropagandaminister Joseph Goebbels, laut dem er die Novemberpogrome 1938 mit den Worten kommentiert haben soll, dass der Nationalismus immerhin nicht langweilig wäre.[53] Der Soziologe Mariusz Finkielsztein schreibt dazu unter Aufarbeitung des gegenwärtigen Forschungsstandes, dass Massaker, Lynchmorde, Folter oder Terrorismus normalerweise nicht von pathologischen Sadisten durchgeführt werden, sondern von machtlosen, frustrierten und häufig gelangweilten Menschen, die darin eine Gelegenheit sehen, Macht zu gewinnen und sich selbst von ihrer inneren

Langeweile abzulenken.[54] Klar, es muss viel zusammenkommen, damit Langeweile in Aufständen, Krieg oder Terror mündet, aber ich halte es für durchaus plausibel, dass sie das Zünglein an der Waage sein kann. Das Gefühl zur Machtlosigkeit, das den Anstoß für das Machtstreben liefert. In seinem Buch *Propelled* (deutsch: *Angetrieben*) bezeichnet der Langeweileforscher Andreas Elpidorou Langeweile treffend als „An energizer, but not a guide" – einen Impulsgeber, aber keinen Wegweiser.[55]

All diese politischen Auswüchse der Langeweile vor Augen halte ich es für enorm wichtig, der Energie der Langeweile einen gesellschaftlichen Rahmen entgegenzustellen und ihren Impuls zur Veränderung im besten Sinne zu nutzen. Ein erster Schritt könnte es sein, ein Bewusstsein dafür zu schaffen, dass Langeweile ein Ausdruck gesellschaftlicher Ungerechtigkeit ist und wir ihre antreibende Kraft dafür nutzen können, die Welt zu einem gerechteren Ort zu machen.

5.

Was Langeweile nicht ist: Missverständnisse über die Langeweile

In den Sozialwissenschaften, insbesondere in der qualitativen Sozialforschung, gibt es einen wichtigen Leitsatz namens ‚*Thomas Theorem*'. Er lautet: Wenn die Menschen Situationen als wirklich definieren, sind diese in ihren Konsequenzen wirklich. Im engeren Sinne beschreibt das Thomas-Theorem, was in vielen Paniksituationen passiert. Zum Beispiel, dass Menschen anfangen, Klopapier zu hamstern, wenn sie glauben, dass es eine Knappheit geben wird – und zwar ganz unabhängig davon, ob Klopapier tatsächlich knapp ist. Damit erzeugen sie, eventuell sogar grundlos, dann eine wirkliche Knappheit. Im weiteren Sinne ist das Thomas-Theorem einfach ein Reminder dafür, dass es für das menschliche Handeln ganz egal ist, wie die objektive Wirklichkeit aussieht. Wichtig ist, was wir für wahr halten, und nicht, was wahr ist. So lässt sich das auch auf das Verständnis von Langeweile und den Umgang mit ihr übertragen. Es gibt Definitionen, die wunderbar erklären, was Langeweile ist. Aber diese Definitionen ändern nichts daran, dass Menschen im Alltag häufig ihre eigenen Definitionen von Langeweile haben und auf ebendiese reagieren. Wenn ich glaube, dass Nichtstun langweilig ist, dann werde ich es vermeiden, auch wenn mich das Nichtstun in Wirklichkeit vielleicht endlich mal entspannen und gar nicht langweilen würde. Manche dieser Definitionen beruhen einfach auf Erfahrungswerten und sind damit wirklich wahr für mich selbst: Ich habe die Erfahrung gemacht, dass mich Nichtstun langweilt? Dann ist Nichtstun wirklich langweilig für mich, aber eben nur für mich und nicht zwangsläufig für alle anderen.

Leider sind die meisten Menschen in ihrem Alltag selten so reflektiert, dass sie zwischen eigenen Erfahrungen und Verallgemeinerung differenzieren. Das ist häufig ziemlich unfair, denn wir projizieren unsere Vorstellung über Langeweile auf andere, ohne genau hinzuschauen, wie es für die anderen wirklich ist. Außerdem sind Alltagsvorstellungen häufig normativ aufgeladen und stigmatisieren, verharmlosen oder überschätzen die Langeweile. Das hat dann weniger damit zu tun, was Langeweile wirklich ist, sondern mehr mit kapitalistischen Leistungsdiskursen. Beispielsweise zu erzählen, dass Arbeitslosigkeit per se langweilig wäre, ist sehr hilfreich, um Menschen in der Spur zu halten und dazu zu bewegen, permanent zu arbeiten. Und zu behaupten, dass nur langweilige Menschen sich langweilen, hilft wunderbar dabei, die Verantwortung für Langeweile ganz allein dem Individuum zuzuschieben, anstatt sich das problematische System anzuschauen. Manchmal gibt es durchaus ein Fünkchen subjektiver Wahrheit in alldem, aber es ist eben nicht die ganze Geschichte.

Offensichtlich reicht es also nicht, es bei einer wissenschaftlichen Definition von Langeweile zu belassen und zu denken, damit wäre alles gesagt. Deswegen möchte ich an dieser Stelle zeigen, welche Mythen sich im Alltag um die Langeweile ranken und was das mit uns macht. Glücklicherweise habe ich in den letzten Jahren viele Alltagsgeschichten über die Langeweile sammeln können. In Gesprächen, Zeitungsartikeln oder Interviews habe ich die Ohren gespitzt und genau hingesehen, wenn mir stereotype Vorstellungen über die Langeweile begegnet sind. In diesem Kapitel möchte ich endlich mit ihnen aufräumen, sie hinterfragen, korrigieren und in ein neues Licht stellen. Das Ziel dahinter ist nichts Geringeres als eine akkuratere Neudeutung der Langeweile. Das bedeutet natürlich nicht, dass wir im Alltag mit wissenschaftlicher Präzision über

Langeweile sprechen müssen. Aber ein grobes faktenbasiertes Verständnis davon, was Langeweile ist, was sie bewirkt und was nicht, kann uns helfen, sinnvoll mit ihr umzugehen. Außerdem ist das, was hier folgt, obendrein gutes Funfact-Wissen für die nächste Party.

Langeweile macht kreativ

Ich habe mal ein Interview über Langeweile gegeben. Es war mein erstes Interview und ich war noch sehr naiv, denn ich dachte, dass der Journalist tatsächlich an meiner Perspektive auf Langeweile interessiert wäre. Ich hätte stundenlang über die Zusammenhänge zwischen Langeweile und sozialer Ungleichheit sprechen können. Er hingegen wollte vor allem eins wissen: Macht Langeweile kreativ? Von meiner differenzierten Antwort, in der ich beschrieb, dass Langeweile kreativ machen *kann*, aber nicht *muss*, ist leider nicht viel übrig geblieben. Schlussendlich lautete das Zitat von mir nur noch: „Langeweile kann kreativ machen." Offensichtlich ist der Glaube daran, dass Langeweile kreativ macht, so stark verbreitet, dass meine Zuhörer*innen andere Antworten nicht hören wollen. Erst neulich führte mir das ein typischer Smalltalk über meine Dissertation wieder vor Augen. Auf einer Party wollte eine Bekannte sehr interessiert wissen, was ich persönlich über

Langeweile denke. Nach meinem leidenschaftlichen Vortrag über die negativen Auswirkungen dieser unangenehmen und mitunter destruktiven Emotion blickte ich in ein sehr erstauntes Gesicht. Nach einer kurzen Pause folgte dann ihr ebenso leidenschaftlicher Einwand: „Aber Langeweile ist doch nicht nur schlecht. Es heißt doch immer, sie mache kreativ!"

Inzwischen kann ich gar nicht mehr zählen, wie oft ich das schon gehört habe. Ob Freund*innen oder Journalist*innen, für sehr viele Menschen scheint der Zusammenhang zwischen Kreativität und Langeweile das Einzige zu sein, was sie an meiner Forschung interessiert. Wenig überraschend war es dann für mich, dass auch in der Corona-Pandemie das kreativitätsfördernde Potenzial von Langeweile in vielen Zeitungen rauf und runter beschworen wurde. Irgendwie passt es ja auch zum Zeitgeist, dass die Langeweile eine produktive Funktion erfüllen muss, um akzeptiert werden zu können. Einfach nur langweilen? Das wäre ja nun wirklich zu langweilig!

Was stimmt, ist, dass einige (zumeist theoretische) wissenschaftliche Arbeiten eine Verbindung zwischen Langeweile und Kreativität sehen[56] und andere diese These widerlegen.[57] Zitiert werden allerdings nur die paar Studien, die das Kreativitätspotenzial bescheinigen; diese dafür umso häufiger. In Wirklichkeit ist die Datenlage jedoch dünn, und die akkurate Antwort lautet: Ob Langeweile kreativ macht oder nicht, ist nicht abschließend geklärt und hängt von vielen individuellen und psychosozialen Faktoren ab. Der psychologische Langeweileforscher Thomas Götz hat in einer experimentellen Studie beispielsweise herausgefunden, dass Langeweile aus Unterforderung kreativ machen kann (nicht muss!), bei Langeweile aus Überforderung hingegen passiert das nicht.[58] Die Langeweileforscherin und Gründerin der *International Society for Boredom Studies*, Josefa Ros Velasco, weist darauf hin, dass Langeweile vor allem das in uns hervorholt, was sowieso schon da ist.[59] Diejenigen, die ohnehin schon kreativ tätig sind, wenden sich auch bei Langeweile kreativen Tätigkeiten zu, wohingegen die, die sich sonst selten bis nie kreativ betätigen, auch bei starker Langeweile nicht damit anfangen, sondern wahrscheinlich eher zu wenig kreativen Entertainment-Möglichkeiten greifen werden. Bin ich also sowieso schon Schriftsteller*in oder Musiker*in, dann hat die Lockdown-Langeweile während der Pandemie vielleicht tatsächlich einen neuen Roman oder ein neues Musikstück hervorgebracht. Wenn ich aber noch nie geschrieben habe, vielleicht noch nicht einmal sonderlich gerne lese, dann wird das sehr wahrscheinlich auch die stärkste Langeweile nicht aus mir herauskitzeln können. Hinzu kommt natürlich auch noch, dass der Kontext, in dem wir uns während unserer Langeweile befinden, das Ausleben von Kreativität nicht unbedingt zulässt. Die Schule ist dafür ein gutes Beispiel. Ort großer Langeweile für viele Schüler*innen, aber trotzdem nicht der ideale Nährboden für kreative Errungenschaften. Selbst, wenn es gerne raus wollte – es ist nicht erwünscht, im Matheunterricht ein Musikstück zu komponieren oder während der Lateinstunde ein Buch zu schreiben.

Für mich verhält es sich mit der Langeweile und der Kreativität ganz ähnlich wie mit den Rückenschmerzen und der Sportlichkeit. Regelmäßige, quälende Rückenschmerzen können für viele bislang unsportliche Menschen einen enormen Antrieb zur regelmäßigen sportlichen Betätigung darstellen – einfach, weil Rückenschmerzen so schrecklich unangenehm sind und der Sport langfristig doch weniger quälend ist als die Schmerzen. Ich spreche da aus Erfahrung. Das heißt aber nicht, dass Rückenschmerzen das Geheimrezept für Sportlichkeit sind. Viele Menschen greifen doch lieber zu Schmerz- und anderweitigen Betäubungsmitteln, als die Laufschuhe zu schnüren oder den Rückenfit-Kurs zu belegen. Oder sie arrangieren sich mit dem täglichen Schmerzlevel und wissen womöglich gar nicht, dass sich der eigene Körper auch anders anfühlen könnte. So ist es meiner Meinung nach letztlich auch mit der Langeweile: Natürlich kann es sein, dass manche Menschen aus dem unangenehmen Gefühl der Langeweile heraus kreativ werden. Viel häufiger jedoch entscheiden sich Menschen für weniger glamouröse Bewältigungsstrategien wie Alkohol, Drogen und Gewalt (siehe Kapitel 2) oder greifen auf das gute alte Fernsehen, den passenden Streaminganbieter oder das Smartphone zurück.

Verbrechen aus Langeweile

So ziemlich konträr zum Glauben, Langeweile mache kreativ, liegt die Vorstellung, dass Menschen aus Langeweile Verbrechen begehen. Auch Langeweile-Superpower also, nur hier in Böse. Die Geschichten reichen von kleinen Ladendiebstählen gelangweilter Teenager bis hin zu Mord. Ein sehr plakatives Beispiel hierfür ist der Mord an dem 22-jährigen australischen Baseballspieler Christopher Lane, den der Neuropsychologe James Danckert in seinem YouTube-Vortrag *Demystifying Boredom*[60] aufgreift: Als Christopher Lane im August 2013 wie gewohnt seine typische Joggingrunde in Oklahoma lief, wurde er aus dem Nichts von drei Teenagern angegriffen und erschossen. Auf die Frage nach ihrem Motiv sagte einer der Täter: „Wir waren gelangweilt und hatten nichts zu tun, also haben wir beschlossen, jemanden zu töten." Es gab keinerlei Verbindung zwischen Tätern und Opfer; Lane war einfach nur zur falschen Zeit am falschen Ort.[61] Ähnliche Geschichten gibt es nicht nur in den USA. Auch direkt vor unserer Haustür werden „Verbrechen aus Langeweile" begangen. Im Jahr 2000 beispielsweise haben drei junge Männer aus Brandenburg laut Selbstaussage aus Langeweile einen 15-jährigen Teenager zusammengetreten. Er verstarb im Krankenhaus.[62]

Doch ist tatsächlich die Langeweile für diese schrecklichen Verbrechen verantwortlich? Hätten sie verhindert werden können, wenn die Mörder ausreichend sinnvolle Beschäftigung gehabt hätten? Ist es wirklich so einfach? Ich bin da skeptisch. Letztlich sind die Geschichten über Verbrechen aus Langeweile denen über kreative Geniestreiche ähnlich. Langeweile gibt den Impuls, etwas (anderes) zu tun, aber sie gibt keine Richtung vor. Niemand wird ein*e Mörder*in nur aus Langeweile! Auch hier bringt sie hervor, was schon angelegt ist. Würde Christopher Lane noch leben, hätten die drei Jugendlichen an dem Tag etwas Besseres zu tun gehabt? Bestimmt. Aber vielleicht hätte es dann einen anderen Menschen aus einem anderen Anlass getroffen. Nicht aus Langeweile, sondern etwa aus Wut über ein falsches Wort. Impulse, aufgestaute Aggressionen auszuagieren, gibt es viele, auch ohne Langeweile. Oder anders ausgedrückt: Solange die Probleme *hinter* der Langeweile nicht gelöst werden, verhindert eine reine Beschäftigungstherapie höchstwahrscheinlich keine Morde.

Nichtsdestotrotz zeigen die Verstrickungen zwischen Langeweile und Verbrechen sehr deutlich, wie wichtig es ist, Langeweile ernst zu nehmen. Auch wenn sie wahrscheinlich nicht die alleinige Ursache für die Morde war, ist sie doch ein Symptom der dahinterliegenden Schwierigkeiten: Perspektivlosigkeit, fehlende Aufmerksamkeit, mangelnde Anerkennung, geringe Selbstkontrolle, keine Möglichkeit, die eigenen Interessen zu entdecken und auszuleben – all das kann sich in Langeweile kristallisieren. Würden wir ein hohes Maß an Langeweile gesellschaftlich nicht einfach als fehlende Beschäftigung deuten, sondern zum Anlass nehmen, der Ursache auf den Grund zu gehen, könnten solche sinnlosen Verbrechen vielleicht doch verhindert werden.

Nichtstun ist langweilig

Wie bereits erwähnt bin ich großer Fan der Langeweile-Kurzdefinition des Psychologen John Eastwood. Einen Grund dafür möchte ich noch einmal genauer beleuchten. Indem Eastwood Langeweile als unbefriedigten Wunsch nach einer befriedigenden Tätigkeit beschreibt, löst er die Definition von einer bestimmten Tätigkeit oder Nichttätigkeit. Im Gegensatz zu unserem Alltag, in dem wir die Langeweile häufig einer bestimmten Situation oder einem Objekt zuschreiben, lässt diese Definition offen, was eine befriedigende Tätigkeit eigentlich ist. So wird Langeweile nicht fälschlicherweise darauf reduziert, nichts oder zu wenig zu tun zu haben. Keine Frage, das kann ein Grund für Langeweile sein. Allerdings gibt es noch so viele weitere. Menschen langweilen sich nicht nur beim Nichtstun, sondern eben auch beim *Tun*. Beim Treffen mit der Verwandtschaft, im Businessmeeting oder im Kino. Manchmal sogar, während sie gerade sehr beschäftigt und gestresst sind. Im Englischen gibt es dafür den schönen Ausdruck „being busybored". Laut dem *Urban Dictionary* bedeutet das, dass man gerade unfassbar beschäftigt und gleichzeitig total gelangweilt ist.[63] Im Grunde ist es eine Variation von Langeweile aus Überforderung. Der Workload ist so hoch, dass wir nur noch am Abarbeiten sind. Keine Zeit zum Nachdenken, Reflektieren und für sinnerfüllte Tätigkeit.

Ich kenne das Wort „busybored" von einer Kollegin aus der Wissenschaft, die es verwendet, wenn sie gerade mehrere Artikel gleichzeitig schreibt, nebenbei lehrt und dann auch noch in zwei Gremien mitarbeiten soll. So hat sie sich das nicht vorgestellt mit der Wissenschaft. In solchen Momenten ist wenig von der Neugier übrig, die sie ursprünglich diesen Job hat wählen lassen. Ich bin froh, dass sie mir damit ein Wort für ein Gefühl gegeben hat, das auch ich aus meinem Leben kenne. Morgens schnell das Kind zur Kita, dann Zoom-Call, danach ein Gutachten schreiben, das Literaturverzeichnis für meinen Artikel muss auch noch gemacht werden, und am Ende des Tages bin ich schon wieder gar nicht zum Lesen und Nachdenken gekommen. Zu viel fremdbestimmte Arbeit langweilt mich schnell und stresst gleichermaßen. Hamsterrad-Langeweile wäre vielleicht eine passende deutsche Übersetzung dafür.

Abgesehen von meiner Kollegin und mir scheint aber kaum jemand das Wort zu benutzen oder auch nur das Konzept dahinter zu kennen. Im Alltag dominiert folgende Deutung: Langeweile ist gleich Nichtstun, und Beschäftigung ist ihr Gegenteil. Ein Kollege hat mir einmal vorgeschlagen, mich doch mehr mit dem Gegenteil von Langeweile auseinanderzusetzen, und meinte damit Stress. Meist kommt die Vorstellung, Langeweile wäre gleich Nichtstun, aber wesentlich subtiler daher. Ein guter Freund von mir listet mir bei unseren Treffen beispielsweise gerne auf, was er gerade alles zu tun hat: viel los auf der Arbeit, Teilnahme am Marathon nächste Woche, darauf die Woche ein paar Tage Urlaub in Spanien, dazwischen das ein oder andere Tinderdate und die Wohnung muss auch noch geputzt werden. „Also langweilig wird mir jedenfalls nicht!", beendet er seine Aufzählung mit einem Verweis auf mein Forschungsthema. Ich lächele höflichkeitshalber, denke aber, dass ein voller Terminkalender noch kein erfülltes Leben ist. Das jedenfalls soll der Schriftsteller Kurt Tucholsky klugerweise mal gesagt haben. Ob meinem Freund beim Abarbeiten seiner To-do-Liste langweilig ist oder nicht, kann ich nicht wissen. Was ich aber aus meiner empirischen Forschung für meine Dissertation weiß, ist, dass sich einige meiner Interviewpartner*innen trotz Vielbeschäftigung gelangweilt haben. Aus Angst vor Leere und Langeweile lassen viele Menschen keine Pausen zu und arbeiten tagein, tagaus lieber ihren vollen Wochenplan ab, anstatt mit einem weniger hohen Pensum herauszufinden, was sie wirklich bewegt. Von außen sieht es so aus, als hätten diese Menschen ein spannendes Leben – sie haben ja viel zu tun.

Beschäftigung mit der Abwesenheit von Langeweile gleichzusetzen ist so, als würden wir Alleinsein grundsätzlich als Einsamkeit bezeichnen. Man kann jedoch sehr gut allein sein, ohne sich einsam zu fühlen. Und genauso kann man nichts tun, ohne sich dabei zu langweilen. Jedenfalls solange das Nichtstun nicht überhandnimmt. Immer wieder stelle ich in meiner Forschung und in Gesprächen jedoch fest, dass die Idee, man könne beschäftigt *und* gelangweilt sein, vielen Menschen fremd ist. Deswegen braucht es meiner Meinung nach ein neues, tätigkeitsunabhängiges Alltagsverständnis von Langeweile, ähnlich des Vorschlags von John Eastwood – auch wenn eine Kurzdefinition dem Phänomen der Langeweile nie ganz gerecht wird. Viele Missverständnisse könnten wir vermeiden, würden wir die

Begriffe nicht ständig durcheinanderwerfen: Muße, Nichtstun, Faulheit, Entspannung, Langeweile – für viele gehört das alles in den gleichen Topf. Tatsächlich handelt es sich aber um unterschiedliche Phänomene, die miteinander zu tun haben *können*, es aber nicht müssen. Diese Begriffe richtig zu verwenden und voneinander abzugrenzen, kann uns mehr Klarheit darüber bringen, was Langeweile ist und wie wir gesellschaftlich mit ihr umgehen (wollen). Daher habe ich mein ganz persönliches kleines Glossar erstellt:

- **Muße:** Freie, selbstbestimmte Zeit, in der wir unseren Interessen nachgehen können. Ist nicht synonym mit Freizeit, sondern kann ebenso (wenn auch seltener) selbstbestimmte Arbeit bezeichnen. Klingt für mich gar nicht langweilig.
- **Nichtstun:** Synonym mit Untätigkeit. Gibt es genau genommen gar nicht; es sei denn, man ist tot. Wird meist als inaktive, nichtproduktive Zeit verstanden (z. B. aus dem Fenster schauen oder einfach auf der Couch sitzen). Kann langweilig, aber auch entspannend sein.
- **Faulheit:** Meist abwertend gemeinte Zuschreibung bzw. Bewertung für einen habituellen Zustand, in dem jegliche Anstrengung, besonders aber jede regelmäßig zu verrichtende Arbeit, gescheut wird. Wo Erholung aufhört und Faulheit beginnt, ist höchst subjektiv. Wird

häufig bestimmten Personengruppen, z. B. Menschen ohne Lohnarbeit, zugeschrieben, um von strukturellen Ursachen für Arbeitslosigkeit abzulenken.
- **Entspannung:** Zustand reduzierter Aktivität des zentralen Nervensystems. Beeinträchtigt Wachheit und Konzentrationsfähigkeit nicht. Geht mit Gefühlen des Wohlbefindens, der inneren Ruhe, Gelassenheit und Gelöstheit einher, nicht mit Langeweile.
- **Langeweile:** In der Wissenschaft nicht einheitlich definiert, aber derzeitiger *state of the art*: Der unbefriedigte Wunsch nach einer befriedigenden Tätigkeit. Ist nicht an eine bestimmte (Nicht-)Tätigkeit geknüpft, sondern das Ergebnis einer subjektiven und gesellschaftlich beeinflussten Interpretation. Wird als aversives Gefühl erlebt, geht mit Konzentrationsschwierigkeiten, Müdigkeit, Passivität, Lethargie, Stress und verändertem Zeitgefühl einher. Wird häufig als sinnlos und als Autonomieverlust erlebt.

Obwohl es mir ein Herzensanliegen ist, Langeweile und Nichtstun getrennt voneinander zu begreifen, ist es mir wichtig zu betonen, dass Nichtstun nicht das Gegenteil von Langeweile darstellt. Das hier ist kein Plädoyer fürs Nichtstun, wie es das Feuilleton gerne heraufbeschwört, und Nichtstun ist nicht unbedingt die Antwort auf Langeweile.

Es ist ein wichtiger Ausgleich zum Tun, aber zu viel davon erzeugt irgendwann schließlich doch Langeweile. Ich denke nicht, dass der Mensch für das reine Nichtstun gemacht ist, sondern stattdessen eine gute Balance aus Aktivität und Passivität braucht. Im besten Fall gekoppelt an ein Gefühl von Sinnhaftigkeit. Am ehesten als Gegenteil von Langeweile bezeichnen lässt sich der sogenannte ‚Flow'. Flow bezeichnet das als beglückend erlebte Gefühl eines mentalen Zustandes völliger Vertiefung und Konzentration sowie das restlose Aufgehen in einer Tätigkeit.[64] Dieser Zustand liegt in der Mitte zwischen Über- und Unterforderung. Also genau da, wo wir mit unseren Fähigkeiten und Interessen am meisten in Einklang sind. Langeweile wartet an beiden Enden dieses Spektrums, im *Zuwenig*, aber auch im *Zuviel*.

Leider führen die meisten von uns ein Leben, das weit weg ist von einer Balance aus Aktivität und Inaktivität. Wahrscheinlich lehne ich mich nicht zu weit aus dem Fenster, wenn ich sage: Wir leben in permanenter Überaktivität. Besser, schneller, höher und so weiter. Der Soziologe Orrin E. Klapp sieht den ständigen Overload an Information als Hauptursache gegenwärtiger Langeweile. Sie entstehe, wenn die Geschwindigkeit zunimmt, Veränderung losgelöst von Sinnhaftigkeit passiert und wenn dem Unterwegssein kein Ankommen folgt.[65] Passen wir in solchen

Phasen nicht auf, wird die Überaktivität schnell zum Teufelskreis: Tagtäglich prasseln so viele Eindrücke und Aufgaben auf uns ein, dass unser Nervensystem konstant im Stress ist. Wenn wir von hier aus versuchen, einfach mal nichts zu tun, erscheint das zunächst ziemlich langweilig. Unser Körper liegt auf der Couch, aber die Gedanken drehen durch. Der Stress verschwindet leider nicht, nur weil der Stressor wegfällt.[66] Fast unmöglich, einfach liegen zu bleiben und das zu genießen, also lieber schnell aufstehen, beschäftigen und nach neuen Impulsen suchen. Wer hier bereits einen Strich unter die Rechnung macht, erlebt nicht, dass es auch anders sein kann. Jedenfalls war das bei mir lange so. Während ich mich in meiner Teenagerzeit noch stundenlang einfach vor den Fernseher setzen konnte, habe ich mir jenseits meiner 30er angewöhnt, ständig irgendetwas zu erledigen. Das Kind ist im Bett, also räume ich noch schnell die Spülmaschine aus, antworte auf Whatsapp-Nachrichten, bezahle eine Rechnung oder bestelle einen neuen Pulli im Internet. Gar nicht unbedingt, weil ich so schrecklich viel zu tun und sonst gar keine Zeit dafür hätte, sondern eher, weil ich das Nichtstun nicht mehr genießen kann. Mein Geist ist durch das viele Erledigen so unruhig, dass ich nur schwer in die Entspannung finde und schnell gelangweilt bin, sobald die Reize weniger werden. Ganz anders fühlt sich das Nichtstun für mich nach einer richtig guten Yogastunde hat. Nachdem ich geschwitzt und meditiert habe, ist mein Nervensystem in der Regel wieder entspannt. In diesem Zustand bin ich so wach und aufmerksam, dass ich die kleinen Reize des Lebens, wie das Gezwitscher der Vögel in den Bäumen oder den Wind auf meiner Haut, wieder bewusst wahrnehmen und mich an der Langsamkeit des Lebens erfreuen kann. Unproduktives Rumliegen ist dann ein wahrer Genuss, und ich kann mich gut erholen. Es ist also genau genommen gar nicht das Nichtstun selbst, sondern mangelnde mentale Entspannung, die zur Langeweile führt.

Nur langweilige Menschen sind gelangweilt

„Nur die Langweiligen langweilen sich", hat Charles Bukowski in seinem Buch *Hot Water Music*[67] geschrieben und damit offenbar die richtigen Worte für ein diffuses Überlegenheitsgefühl vieler Menschen gefunden. Jedenfalls hat es der Spruch auf ziemlich viele Wallpaper, Kaffeetassen und T-Shirts geschafft, und er fällt auch in diversen Selbsthilfe-Onlineforen immer mal wieder, wenn jemand um Rat gegen Langeweile bittet. Manch eine*r setzt sogar noch einen drauf. Der deutsche Vertreter dieses Gedankens, Karl Lagerfeld, hat mal öffentlich verlauten lassen: „Langeweile ist ein Verbrechen. Wenn man sich langweilt, heißt das nur, dass man selber langweilig ist."[68] Vieles deutet darauf hin, dass das ein recht häufiger Gedanke von Menschen ist, werden sie mit der Langeweile einer anderen Person konfrontiert. Unser Taktgefühl hält das direkte Aussprechen glücklicherweise meist im Zaum – es sei denn, man hat keines (wie Charles Bukowski und Karl Lagerfeld) oder beim Gegenüber handelt es sich um ein Kind. Denn bei Kindern vergessen viele Menschen aufgrund des Machtgefälles ihr Taktgefühl schnell mal und tun abwertende und verletzende Weisheiten kund. Bei einem Ranking der doofsten Kindheitssprüche, die ich mir so anhören musste, würde es „Nur langweilige Menschen langweilen sich" locker in die Top 10 schaffen. Ich erinnere mich noch sehr gut daran, wie ich als neugieriges Kind eine Ewigkeit mit meinen Eltern und ihren Bekannten am Tisch saß. Ich riss mich wirklich lange zusammen und versuchte, den Anstand zu wahren, aber irgendwann hielt ich es nicht mehr aus. Wohlwissend, dass meine Spielsachen nur ein Zimmer entfernt waren, flüsterte ich meiner Mutter „Mir ist laaangweeeilig" ins Ohr. Leider nicht leise genug. Die unsympathische Bekannte neben ihr bekam es mit. Höhnisch grinsend und so laut, dass es alle hören konnten, packte sie Bukowskis Spruch aus: „Nur langweilige Menschen haben Langeweile!" Alle lachten, es war ein Witz, schon klar. Aber für mich als sensibles, kleines Kind war es vor allem unfassbar peinlich. Mein Gesicht lief rot an und ich schämte mich furchtbar für meinen Fluchtversuch. Scheinbar lag der Fehler nicht beim steifen Essen und den unverständlichen Gesprächen der Erwachsenen, sondern bei mir selbst.

Aber stimmt das wirklich? Sollten wir die geflügelten Worte alter weißer Männer einfach so unkritisch übernehmen und weitertragen? Mal ehrlich: In Bukowkis Geschichten sagen die Protagonist*innen so einige menschen- oder frauenverachtende Dinge (allen voran sei hier auf sein literarisches Alter Ego Henry Chinaski verwiesen[69]). Gleiches gilt für die Lagerfeld zugeschriebenen Aussagen wie zum Beispiel, dass niemand dicke Models sehen wolle[70] oder dass Menschen in Jogginghose die Kontrolle über ihr Leben verloren hätten[71]. Da steckt einiges an Sexismus und Klassismus drin. Ob all diese Aussagen von Bukowski und Lagerfeld wirklich ernstgemeint sind oder eine (künstlerische) Provokation darstellen, ist strittig. Sie eins zu eins nachzuplappern und für bare Münze zu nehmen, ist aber durchaus sexistisch, klassistisch oder ganz generell misanthropisch. Und in Bezug auf Langeweile stimmt es eben auch einfach nicht. Alle Menschen haben, wenn auch in unterschiedlichem Ausmaß, hin und wieder Langeweile. Manchmal liegt es mehr an uns selbst, (z. B. weil wir gerade zu müde sind, um uns zu konzentrieren) manchmal an einer monotonen Situation und manchmal an fehlenden Privilegien wie Status, Macht und Geld, um die Situation zu ändern. Ganz von der Langeweile befreit ist aber wohl niemand.

Was Bukowski und Lagerfeld da verlauten ließen, ist also keine Held*innengeschichte kreativer Menschen, sondern ein ganz mieses *Othering* von Emotionen. Othering beschreibt den Prozess, sich selbst aufzuwerten, indem man negative Eigenschaften einer anderen Personengruppe zuschreibt und sie damit abwertet. Die unterschwellige Botschaft lautet in diesem Fall: „Schaut her, ich bin nie gelangweilt, also bin ich ein super wertvoller Mensch!" Othering erhöht den Selbstwert zum Preis des Mitgefühls für andere Menschen. Eine gerade erschienene psychologische Studie beschreibt, dass es Überlegenheitsgefühle produziere, wenn man andere als langweilig bezeichnet. Und zwar nicht nur der vermeintlich langweiligen Person gegenüber, sondern generell.[72]

Grund genug also, andere Menschen abzuwerten? Fühlt sich doch sicherlich gut an. Es bringt uns allerdings ganz schön schnell in die Bredouille. Wenn wir glauben, dass nur langweilige Menschen sich langweilen, müssen wir unser ganzes restliches Leben dafür sorgen, Langeweile zu vermeiden und zu verdrängen. Möglicherweise ein Grund dafür, dass Lagerfeld angeblich ein Arbeitspensum von bis zu 20 Stunden am Tag kultiviert hat? Egal also, ob wir nun mitfühlend mit anderen Menschen umgehen möchten oder selbst nicht im Hamsterrad der Langeweile-Verdrängung landen wollen, die Zeit ist reif für eine Umdeutung. Hier mein Vorschlag: Nicht „Nur die Langweiligen langweilen sich", sondern „Nur die Mutigen und Reflektierten langweilen sich und geben es zu".

Intelligente Menschen sind nie gelangweilt

Apropos Othering von Emotionen. Ein weiterer Mythos über die Langeweile geht in eine ganz ähnliche Richtung: Intelligente Menschen langweilen sich nicht. Die Idee dahinter ist, dass intelligente Menschen so kreativ und selbstdiszipliniert sind, dass sie es nicht nötig haben, bespaßt zu werden, sondern aus sich selbst heraus permanent sinnvolle Beschäftigung erschaffen können. Nichts zu tun am Abend und die Freund*innen haben keine Zeit? Kein Problem, dann hole ich meine Geige heraus und komponiere ein Lied, oder ich widme mich endlich mal wieder ausgiebig Marcel Proust. So oder so ähnlich könnte das Bild aussehen, das wir von diesen niemals gelangweilten Menschen haben. In diesem Mythos schwingt auch mit: Solange ich keine Langeweile empfinde, kann ich mich als intelligenten Menschen begreifen. Immerhin nicht zu blöd, mich selbst zu beschäftigen! Kein Wunder also, dass die Abwesenheit von Langeweile für viele Menschen ein Statussymbol ist.

Der Soziologe Mariusz Finkielsztein hat diesem Mythos einen ganzen Blogbeitrag[73] gewidmet und entlang verschiedener Beispiele gezeigt, dass da gar nicht so viel dran ist. Auch intelligente Menschen langweilen sich – lediglich aus anderen Gründen als weniger intelligente Menschen. Teilweise langweilen sie sich sogar schneller oder häufiger, sagt Finkielsztein. Das gilt insbesondere für außergewöhnlich intelligente Menschen. Klassisches Beispiel hierfür ist das hochbegabte Kind, das sich in der Schule langweilt. Wer schneller denkt als der Rest der Klasse und für eine Aufgabe nur halb so lange braucht, ist nicht in Balance zwischen Fähigkeiten und Anforderungen, sondern in der Unterforderung. Bevor jetzt die Schullangeweile des Kindes gleich als Anzeichen für eine Hochbegabung interpretiert wird: Auch Kinder mit unterdurchschnittlicher Intelligenz langweilen sich in der Schule. Allerdings nicht aus Unter-, sondern aus Überforderung. Wer gar nicht mitkommt, ist eben auch nicht im Einklang mit den eigenen Fähigkeiten. Wenn man komplett den Anschluss verpasst hat, wird es langweilig.

Ein anderer Faktor, der Langeweile bei intelligenten Menschen erzeugt, ist laut Finkielsztein die mit Intelligenz häufig einhergehende hohe Reflektionsfähigkeit. Intelligente Menschen sind gut darin, Situationen zu abstrahieren und zu analysieren, und bemerken dadurch häufig schneller, dass eine Aufgabe ziemlich sinnlos ist. Wer zu lange darüber nachdenkt, kommt vielleicht sogar zu dem Schluss, dass das ganze Leben sinnlos ist, und steckt damit in einer Krise existenzieller Langeweile. Ich kann mir gut vorstellen, welchen Typ Mensch Finkielsztein dabei im Kopf hat. In meinem Umfeld gibt es ein paar ziemlich schlaue Personen, die sich wirklich gar nichts vormachen lassen und an nichts so richtig glauben. Religion? Opium fürs Volk. Liebe? Ein soziales Konstrukt. Interessanter neuer Gedanke? Hat Aristoteles schon gesagt. Die Welt ertragen sie nur noch durch Sarkasmus, und sie scheinen mir in der Tat dauergelangweilt zu sein. Alles zu hinterfragen macht offensichtlich auch nicht glücklich.

Hinter dieser Abgeklärtheit verbergen sich außerdem häufig ganz schön hohe Erwartungen an die Situation. Um intelligente Menschen zu begeistern, muss man sich ziemlich anstrengen. Sie brauchen Nahrung für ihr Gehirn, die sie nicht im einfach gestrickten Krimi oder im seichten Smalltalk finden können. Es ist also auch hier eine gute Passung zwischen Fähigkeiten und Situation wichtig.[74] Und die ist nicht für jedes Intelligenzlevel gleich gut zu finden. „Besser" ausgeprägte Fähigkeiten wie z. B. eine höhere Intelligenz führen also nicht automatisch zu weniger Langeweile. Es ist eher so, dass es schwieriger wird, passende Situationen zu finden, je außergewöhnlicher die Fähigkeiten sind. Da dies aber eben für beide Pole gilt, könnte man eher sagen, dass Langeweile ein Zeichen für besonders viel und für besonders wenig Intelligenz ist. Aber auch das stimmt so nicht ganz, weil es ziemlich viele Ursachen für Langeweile gibt und die meisten davon drehen sich nicht um Intelligenz.

Kinder brauchen Langeweile

Langeweile bei Kindern ist ein heikles Thema. Viele Kinder sind häufig gelangweilt und tun das auch sehr gerne offen kund. Kinder sind aber auch viel weniger autonom als Erwachsene und oftmals auf diese angewiesen, um die Langeweile zu bewältigen. Das betrifft die kleinen wie die großen Dinge des Lebens: Wenn Kinder das Familienabendessen langweilig finden, müssen sie meist ihre Eltern fragen, ob sie aufstehen dürfen. Wenn hingegen ein Elternteil den Kinderfilm langweilig findet, kann sie*er auch ohne Einverständnis des Kindes entscheiden, in der Zeit etwas anderes zu tun. Und eine Dimension größer: Wenn eine erwachsene Person ihren Job langweilig findet, kann sie ihn wechseln; wenn Kinder sich in der Schule langweilen, müssen sie trotzdem weiter hingehen. Die Erwachsenen machen die Regeln, Kinder sollen sie befolgen. Dürften Kinder die ganze Zeit tun, worauf sie Lust haben, hätten sie wahrscheinlich gar keine Langeweile.

Aber sie sollen eben nicht den ganzen Tag Spiele spielen oder gar fernsehen. Sie sollen auch aufräumen, leise sein, Hausaufgaben machen, sich allein beschäftigen oder fünf Stunden im Auto sitzen, wenn die Eltern in den Urlaub wollen. Kinder suchen sich vieles in ihrem Alltag nicht aus und haben dadurch im Vergleich zu Erwachsenen weniger Möglichkeiten, mit ihrer Langeweile umzugehen. Außerdem müssen sie im Prozess des Erwachsenwerdens auch erst einmal herausfinden, wofür sie sich eigentlich interessieren, und können noch nicht auf jahrelange Erfahrung zurückgreifen. Zu Recht wenden sie sich also zunächst an die Erwachsenen, wenn ihnen langweilig ist. Eltern oder andere Bezugs- und Betreuungspersonen sind allerdings häufig mit dieser Frage überfordert. Jedenfalls sprechen die vielen Artikel, Podcasts und Forenbeiträge zum Thema „Was tun, wenn mein Kind sich langweilt?" dafür, dass viele Menschen unsicher sind, wie sie mit kindlicher Langeweile umgehen sollen. Die große Angst, die da oft mitschwingt, ist: Wenn ich meinem Kind dabei helfe, die Langeweile zu bewältigen, wird es nie lernen, sich allein zu beschäftigen. Das ist ein bisschen wie mit der Angst, Babys zu verwöhnen: Wenn ich mein Baby immer gleich tröste, es in meinem Bett schlafen lasse und ihm sofort gebe, was es braucht, dann lernt es keine Selbstkontrolle und wird mir auf der Nase rumtanzen. So jedenfalls die Befürchtung.

Mit der immer stärker verbreiteten Idee von bedürfnisorientierter Erziehung setzt sich jedoch zunehmend auch eine andere Meinung durch: Man kann Babys in den ersten Lebensmonaten nicht verwöhnen;[75] sie brauchen so viel Liebe und Zuwendung, wie nur möglich ist. Ein zwei Monate altes Baby ist gar nicht in der Lage dazu, Eltern durch Geschrei zu manipulieren. Viel Fürsorge ist ein sicherer Ausgangspunkt, um sich später selbst regulieren zu können. So ähnlich ist es meiner Meinung nach auch mit der Langeweile. Auch bei einem Kind signalisiert sie einen Veränderungsbedarf und zeigt, dass es gerade nicht im Einklang mit den individuellen Fähigkeiten und Interessen ist. Und offensichtlich schafft das Kind gerade nicht, dies zu ändern. Vielleicht, weil es noch gar nicht weiß, was es gut kann und mag oder weil das, was es mag, gerade nicht verfügbar ist. Die logische Antwort darauf sollte sein, dem Kind dabei zu helfen, den Interessen und Fähigkeiten nachgehen zu können. Oder mit ihm darüber zu sprechen, was die Ursache der Langeweile ist. „Langeweile aushalten zu müssen, wäre paradox – die Evolution hat sie ja gerade deshalb hervorgebracht, damit wir etwas anderes, für uns Relevantes und Erfüllendes tun", sagt der Bildungsforscher Thomas Goetz dazu.[76]

Das heißt nicht, dass Kinder ununterbrochen bespaßt werden müssen, sondern kann bedeuten, dass ich meinem

Kind erlaube, Stift und Papier mit an den Tisch zu nehmen, wenn es mir wichtig ist, mich noch weiter beim Essen zu unterhalten. Oder dass es die Schulform wechselt, wenn es permanent unter- oder überfordert ist. Oder dass ich von meinem extrovertierten Kind nicht erwarte, allein ein Buch zu lesen, sondern eine*n Freund*in zum Spielen einlade. Natürlich, manchmal sind nicht genügend Zeit, Kapazitäten und Möglichkeiten vorhanden, um sich intensiv mit der Langeweile der Kinder auseinanderzusetzen. Dann muss sie eben auch mal ausgehalten werden. Das ist okay. Nur ist es keine pädagogische Maßnahme, die dem Kind hilft, den Umgang mit der eigenen Langeweile zu erlernen, sondern eine zwangsläufige Begleiterscheinung des Lebens. Es geht ja auch nicht immer nur um die Bedürfnisse des Kindes, sondern auch um die der Eltern oder der Geschwister. Wenn ich mein Kind aber grundsätzlich zwinge, Langeweile aushalten zu müssen, weil das Leben halt manchmal langweilig ist, dann signalisiere ich damit, dass die Interessen und Fähigkeiten des Kindes nicht wichtig sind. Keine gute Voraussetzung, um sie weiter zu entwickeln und zu kultivieren.

Aber brauchen Kinder nicht Langeweile, um kreativ zu werden? Grundsätzlich gilt hier das gleiche wie bei Erwachsenen. Langeweile macht nicht zwangsläufig kreativ. Sie ist ein Impuls zur Veränderung und kann dazu führen, dass Kinder sich ein Spiel ausdenken oder aber, dass sie sich vor den Fernseher setzen, statt Hausaufgaben zu machen. Zwar kenne ich das sehr wohl, dass Kinder (besonders in einer Gruppe) zunächst erstmal Langeweile beklagen, bevor sie dann selbst aktiv werden, gemeinsam eine Höhle bauen und den Spaß ihres Lebens haben – auch ohne Input von Erwachsenen. Ich weiß aber auch, dass mein zweijähriger Sohn, wenn ihm langweilig wird und ich darauf nicht reagieren kann oder will, anfängt, Teller auf den Boden zu werfen. Finde ich bloß mäßig kreativ. Und ich kenne darüber hinaus auch die Variante, dass Kinder einfach sofort kreativ und vergnügt miteinander spielen; ganz ohne dass sie sich dafür erstmal langweilen mussten. Ich beobachte immer wieder, dass es gut gelaunt und voller Energie häufig sogar besser gelingt, ins Spiel zu finden, als wenn sie schon im Zustand der Langeweile sind.

Die Langeweileforscherin Josefa Ros Velasco fasst das sehr gut zusammen: Es ergibt keinen Sinn, Kinder aus der falschen Hoffnung, sie würden dadurch kreativ werden, dazu zu zwingen, Langeweile auszuhalten. Gleichzeitig ist es unmöglich, sie ständig von Kindern fernzuhalten. Es ist wichtig, Kindern beizubringen, Langeweile in gewissem Ausmaß zu tolerieren, anstatt ihnen ununterbrochen Entertainment und Ablenkung zu bieten. Diese Toleranz ermöglicht es Kindern wie Erwachsenen schließlich, langfristig wirkungsvolle Strategien zur Bewältigung von Langeweile zu nutzen.[77] Wer immer bloß kurzfristige Strategien gegen chronische Langeweile anwendet, bekommt häufig die grundsätzliche Ursache nicht in den Griff.

Meiner Meinung nach ist es daher falsch zu behaupten, dass Kinder Langeweile bräuchten. Es ist vielmehr so, dass sie ein normaler Bestandteil des Heranwachsens ist und nicht zwanghaft vermieden werden sollte. Das ist im Kern vielleicht sogar, was der Satz „Kinder brauchen Langeweile" ausdrücken soll, hat aber eine andere Stoßrichtung. Es definiert Langeweile nicht als etwas an sich Erstrebenswertes, mit dem wir die Kinder allein lassen sollten, sondern als einen schwierigen Zustand, der aber nun mal zum Leben dazu gehört und aus dem sie durchaus etwas lernen können. Wir können unseren Kindern ruhig dabei helfen, einen guten und langfristig effektiven Umgang damit zu finden. Das ist im Grunde wie mit anderen unangenehmen Gefühlen: Nur weil beispielsweise Wut eine wichtige Funktion hat (und zwar, die eigenen Grenzen zu verteidigen) und wir sie in vielen Kontexten brauchen (z. B. um uns aus einer toxischen Beziehung zu befreien), lasse ich ein Kind noch lange nicht mit dem Verweis auf die Funktion ganz allein vor sich hin wüten. Im besten Falle begleite ich es durch die Wut und erkunde im Anschluss die Ursachen. Alternativ kann es hilfreich sein, gemeinsam mit dem Kind ein Ventil für die Wut zu finden, bei dem andere Menschen nicht zu Schaden kommen, zum Beispiel regelmäßiges Auspowern beim Sport. Eine Freundin von mir hat ihrem Sohn beigebracht, all seine Wut in den Fäusten zu sammeln und sie dann so kräftig wie möglich herauszuschütteln. So etwas geht auch schon bei kleinen Kindern, die noch nicht in der Lage sind, selbst einen konstruktiven Umgang mit unangenehmen Gefühlen zu finden. Eine elterliche Intervention kann auf dem Weg zu einer guten Gefühlsregulation sehr unterstützen, sofern sie Wut dabei nicht stigmatisiert oder einfach nur schnell weghaben will. Warum sollte es mit Langeweile anders sein? Dem Kind langfristige Strategien beizubringen, mit Langeweile produktiv umzugehen und sie als Ausgangspunkt zur Erkundung der eigenen Interessen zu sehen, kann meiner Meinung nach nicht schaden.

Heutzutage gibt es keine Langeweile mehr

Es ist schon paradox. Einerseits sind da all diese Mythen darüber, wie wichtig Langeweile doch sei und wie kreativ sie mache, andererseits meiden wir sie, wo wir nur können. Am allerliebsten mithilfe unseres Smartphones. Das gilt für sehr viele Menschen in meinem Umfeld und häufig auch für mich selbst. *Eigentlich* bin ich nicht direkt handysüchtig. Jedenfalls im Vergleich zu vielen anderen Menschen. Ich kann mein Telefon am Wochenende auch mal zu Hause liegen lassen, ohne gleich Schnappatmung zu bekommen, und meine Mutter beschwert sich regelmäßig über meine zeitverzögerten Antworten auf Whatsapp. Auch Instagram interessiert mich als Privatperson kaum, und ich habe bewusst keine Möglichkeit eingerichtet, meine E-Mails (insbesondere die von der Arbeit) auf dem Smartphone abrufen zu können. Dennoch nehme ich auf dem Weg zur Kita liebend gerne Sprachnachrichten auf, google auf dem Spielplatz drängende Fragen wie „Aus welcher Stadt kommt eigentlich Olaf Scholz?", und wenn mein*e Gesprächspartner*in im Café zur Toilette geht, gucke ich schnell, ob mir jemand geschrieben hat. Auch ohne Handy verfüge ich über ein weites Zerstreuungsrepertoire: In meinen Home-Office-Mittagspausen höre ich gerne einen Podcast, anstatt einfach nur zu kochen, und wenn mein Partner einfach nur auf der Couch sitzen und Musik hören will, verwickele ich ihn in Gespräche. Kurzum: Sobald es ein bisschen ruhiger wird, melden sich bei mir die ersten Zeichen von Langeweile und ich lenke mich ab. Ich weiß, dass ich damit nicht alleine bin. Offensichtlich ein Schicksal unserer Zeit. Kaum jemand aus meinem Umfeld schafft es, fünf Minuten an der Supermarktkasse zu warten, ohne das Handy zu zücken; kaum jemand schaut ohne Musik auf den Ohren einfach nur aus dem Zugfenster. Ein Freund von mir schafft es nicht einmal mehr, an der Ampel zu warten, ohne die Zeit mit einem kurzen Handyspiel zu überbrücken. Es scheint, als hätten wir spätestens mit der Einführung des Smartphones die Fähigkeit verloren, Langeweile auszuhalten.

Aber heißt das, dass wir die Langeweile mit unseren Handys besiegt haben und es sie heutzutage gar nicht mehr gibt? Nicht wenige Menschen denken das. Ein erstauntes „Ach, gibt es Langeweile denn überhaupt noch?" ist eine der häufigsten Reaktionen auf mein Forschungsthema. Und etwas daran stimmt sogar. Mit der unendlichen Verfügbarkeit von Informationen und Entertainment müssen wir kaum noch situative Langeweile aushalten. Wenn ich möchte, kann ich im Wartezimmer am Laptop arbeiten, statt mich mit Klatschzeitschriften zu langweilen, juhu! Die schlechte Nachricht ist: Diese Verhaltensweisen mögen die Langeweile zwar kurzfristig in Schach halten, sind langfristig jedoch schlecht geeignet, um ein einigermaßen langeweilefreies Leben zu führen. Denn dafür brauchen wir Energie, Konzentration und sinnerfüllte Tätigkeiten. Dabei hilft das Smartphone nicht. Im Gegenteil: In einer Studie über den Zusammenhang zwischen Langeweile und Smartphone-Nutzung am Arbeitsplatz kamen die Forscher*innen zu dem Ergebnis, dass Menschen, die in ihrer Pause aufs Smartphone schauen, danach noch gelangweilter sind.[78] Weil Social Media und Nachrichten eben keine wirkliche Pause fürs Gehirn sind. Außerdem gewöhnt man sich schnell an die ständigen kleinen Dopamin-Kicks, die ausgeschüttet werden, wenn wir aufs Smartphone schauen.[79] Je häufiger ich das mache, desto schwerer fällt es mir, darauf zu verzichten und Langeweile auszuhalten. Eine einstündige Zugfahrt ohne Handy wird dann schnell zur Qual. Zum Glück passiert das den meisten Menschen aber nur noch selten. Die wenigsten sind so kühn oder so blöd, ihr Handy zu Hause liegen zu lassen und sich so der potenziellen Langeweile auszusetzen.

Also alles gut, solange das Smartphone voll aufgeladen dabei ist? So einfach ist es leider nicht. Überwunden hat die Menschheit die Langeweile noch nicht, im Gegenteil: Viele Forscher*innen vertreten die These, dass Langeweile ein ziemlich modernes Phänomen ist. Das ist offensichtlich schwer zu belegen oder widerlegen, denn es gibt leider keine statistischen Längsschnittstudien von der Geburt Christi bis heute, die uns Auskunft über die Verbreitung von Langeweile im Laufe der Jahrhunderte geben könnten. Es gibt aber einige Indizien, die vermuten lassen, dass an der These etwas dran ist. Zunächst einmal wurde das Wort „boredom" erst im Jahr 1760 in englische Wörterbuch aufgenommen. Besonders häufig verwendet wurde es schließlich zwischen 1931 und 1961.[80] Seit dem 18. Jahrhundert entstand zunehmend eine Vielzahl philosophischer und literarischer Werke, die das Thema Langeweile aufgriffen: Kant, Kierkegaard und Heidegger bearbeiteten das Thema philosophisch; Goethe, Flaubert, Mann, Beckett, Stein, Woolf und viele mehr setzten sich literarisch mit ihr auseinander. Der Philosoph Lars Svendsen sieht als weitere Indizien den erhöhten Fernsehkonsum sowie zunehmenden Konsum von Rauschmitteln als Anzeichen verstärkter Langeweile. In seiner kleinen Philosophie der Langeweile fragt er provokant: Menschen, die vier Stunden am Tag fernsehen, fühlen sich vielleicht nicht (bewusst) gelangweilt oder geben es nicht zu, aber warum sonst sollten sie ihre Zeit so verbringen?[81] Steile These, die ich so nicht unbedingt unterschreiben würde. Es gibt natürlich viele andere Gründe, sich mit Fernsehen oder Drogen aus der Welt zu flüchten, und manchmal neigen Langeweileforscher*innen ein bisschen zu sehr dazu, alles durch Langeweile erklären zu wollen. Trotzdem wird Langeweile ihren Anteil am hohen Fernsehkonsum haben, und ich bin davon überzeugt, dass die Moderne eine spezifische, neue Art von Langeweile hervorgebracht hat und es sich durchaus lohnen kann, Svendsens provokanter Frage nachzugehen. Ich selbst bin so etwas wie eine gemäßigte Vertreterin der These moderner Langeweile und schließe mich der Literaturwissenschaftlerin Patricia Meyer Spacks[82] an. Sie ist der Meinung, dass auch wenn es (situative) Langeweile wahrscheinlich schon immer oder immerhin schon ziemlich lange gibt, sie sich erst in der Moderne zu einem nennenswerten Phänomen entwickelt hat. Es klingt zwar zunächst paradox, dass ausgerechnet die (Post-)Moderne mit all ihren Selbstverwirklichungs- und Unterhaltungsangeboten besonders viel Langeweile hervorgebracht haben soll. Bei genauerem Hinsehen gehört das aber zusammen. Langeweile hat man nicht im Überlebensmodus. Wer damit beschäftigt ist, nicht zu verhungern oder zu erfrieren, für die*den spielt Langeweile maximal eine untergeordnete Rolle. Daher war sie auch lange ein Privileg einiger weniger Menschen der Oberschicht. Ein als Mittagsdämon oder häufig auch Acedia bekanntes Problem, mit dem sich vor allem Mönche herumschlugen: Im Mittelalter ging man davon aus, dass die Mittagsstunde eine bevorzugte Zeit für das Erscheinen von Dämonen war. Einer davon, der Dämon der Trägheit oder eben Mittagsdämon, brachte das Gefühl, die Zeit würde langsamer vergehen, und löste bei Mönchen den Drang aus, das Kloster verlassen zu wollen.[83] Langeweileforscher*innen gehen davon aus, dass dieses Gefühl der heutigen Langeweile sehr nahe kommt. Und auch wenn wir nicht mehr an einen Mittagsdämon glauben, kenne ich die Trägheit nach dem Mittagessen im Büro nur zu gut. Im Unterschied zu heute war der Mittagsdämon aber eher ein situatives Phänomen der (religiösen) Oberschicht und weniger das Problem gewöhnlicher oder armer Menschen. Im Zuge der Industrialisierung wurde Langeweile hingegen zum chronischen Massenphänomen.[84] Der wachsende Wohlstand und die Reduzierung der Arbeitszeit auf acht Stunden brachten Freiräume, Freizeit und Reflexionsmöglichkeiten. Oder auch: Den Nährboden für die Langeweile. Wer nicht die ganze Zeit arbeitet, bemerkt Langeweile schneller, schreibt der Soziologe Conrad dazu.[85] In der Moderne fallen außerdem viele für lange Zeit wichtige Sinnquellen weg: Religion, Brauchtum und Tradition sind out; Berechenbarkeit, Effizienz und Präzision sind in. Der Soziologe Max Weber nennt das sehr poetisch die Entzauberung der Welt.[86] Für ein Gefühl, das unter anderem durch die Abwesenheit von Sinn entsteht, ist das eine gute Ausgangslage. Entfremdete Arbeit in der Fabrik und im Büro tun ihr Übriges, dazu gesellt sich eine zunehmende Sorge um das individuelle Glück und damit ist die existenzielle Langeweile perfekt.

Es gibt sie also noch, die Langeweile im 21. Jahrhundert. Ein bisschen diffuser und weniger offensichtlich, aber sie ist immer noch da. In ihrer Paradoxie vielleicht sogar umfassender und quälender denn je. Und natürlich können wir unsere Smartphones gegen sie einsetzen, aber das ist keine Dauerlösung, sondern bleibt eben immer nur ein Betäuben.

6.

Langeweile und Marginalisierung: Warum es kein Zufall ist, wen Langeweile trifft

Der Begriff Marginalisierung beschreibt die soziale Ausgrenzung von bestimmten Menschengruppierungen. Sie liegt vor, „wenn es für eine Person oder eine Gruppe von Personen weniger gut möglich ist, etwas zu tun oder Zugang zu grundlegenden Dienstleistungen oder Möglichkeiten zu erhalten."[87] Marginalisierung betrifft häufig Minderheiten einer Gesellschaft. Allerdings ist das eher eine Frage der Macht als der Mehrheit: In einer patriarchalen Gesellschaft werden auch Frauen marginalisiert, die nun nicht unbedingt eine Minderheit darstellen. Und Menschen der Oberschicht erfahren keine Marginalisierung, obwohl sie eine Minderheit sind.

Weil Langeweile ein so verbreitetes Alltagsphänomen ist, wird sie in der Forschung immer mal wieder als demokratisches Gefühl bezeichnet. Es wird argumentiert, dass sie die Ober- wie die Unterschicht, Männer wie Frauen, *weiße* wie Schwarze Personen, Gesunde wie Kranke und Menschen mit sowie ohne Behinderung gleichermaßen betrifft. Für die situative Langeweile mag das stimmen, nicht aber für die chronische oder existentielle Langeweile. Denn diese ist eng verknüpft mit gesellschaftlichen Machtstrukturen. Eins ihrer Leitsymptome ist das Gefühl der Ohnmacht.[88] Gelangweilte Menschen fühlen sich in der (langweiligen) Situation gefangen; sie wollen gerne einer befriedigenden Tätigkeit nachgehen, *können* es aber nicht. Manchmal einfach, weil sie gerade im Stau stehen. Manchmal aber auch, weil sie zu einer strukturell benachteiligten Gruppe gehören und ihnen der Zugang zu befriedigenden Tätigkeiten verwehrt bleibt. Der Soziologe Wolf Lepenies bezeichnet Langeweile in diesem Sinne sehr treffend als strukturelle Reaktion gesellschaftlich marginalisierter Gruppen. Ihre öffentliche Bedeutungslosigkeit begrenze ihre Handlungen und lasse sie gelangweilt zurück.[89] Wer über vergleichsweise wenig Macht, Geld, Bildung, Ansehen und Kontakte verfügt, für die*den ist es schwerer, gesellschaftlich als erstrebenswert definierte Ziele zu erreichen. Kaum jemand möchte einen langweiligen Job machen, aber je nachdem, wie ich meine Chancen auf einen spannenderen Job einschätze, arrangiere ich mich mit der Langeweile oder eben nicht. Sie ist dann der Preis, den ich dafür zahle, wiederum meine Miete zahlen zu können. Nicht immer zeigt sich die Marginalisierung dabei direkt und plakativ. Häufig sind die gesellschaftlichen Ursachen schwer zu greifen, weil sie sich nur mühsam von persönlichen Vorlieben und bewusst getroffenen Entscheidungen trennen lassen. Es sind nicht immer externe Zwänge, sondern manchmal auch verinnerlichte gruppenspezifische Normen, die Menschen in der Langeweile verharren lassen. Etwa, wenn sich Frauen in der Rolle als Vollzeitmutter langweilen und zwar theoretisch wieder arbeiten gehen könnten, aber das nicht mit ihrem Idealbild einer guten Mutter vereinbaren können. Häufig ist es auch eine Kombination: Zusätzlich zu verinnerlichten Geschlechternormen legt ein im Vergleich zum Partner geringeres Einkommen nahe, dass die Frau zu Hause bleibt. Dass der Care-Arbeit dann auch noch gesellschaftlich weniger Wert und Bedeutung zugesprochen wird als der Lohnarbeit, bereitet den perfekten Nährboden für Langeweile. Im Unterschied zu anderen Gefühlen wird die Langeweile nämlich schwächer, je mehr Bedeutung etwas für uns hat.

Es ist kein Zufall, wen Langeweile besonders stark oder häufig trifft. Meistens sind es die weniger privilegierten

Menschen im System: arme Menschen im Kapitalismus, Frauen im Patriarchat, Schwarze Personen in einer rassistischen Welt und Menschen mit Behinderung oder chronischen Krankheiten in einer Leistungsgesellschaft. Genau diejenigen also, denen der Zugang zu gesellschaftlich als befriedigend propagierten Tätigkeiten oftmals verwehrt bleibt; diejenigen, bei denen die Entfernung zwischen gesellschaftlichen Idealen und der eigenen Lebensrealität am größten ist und der Weg am steinigsten. Natürlich langweilen sich auch Menschen aus der Oberschicht, Männer, *weiße* Personen und Menschen ohne Behinderung. Einengende Normen und stereotype Vorstellungen machen es allen Menschen schwer, den eigentlichen Interessen nachzugehen. Das Patriarchat schadet allen, der Kapitalismus erzeugt für alle unerfüllbare Konsumwünsche und die Leistungsgesellschaft propagiert für alle unerreichbare Ideale, keine Frage. Außerdem gibt es ja noch eine ganze Reihe Ursachen für Langeweile, die nicht durch gesellschaftliche Zwänge und Normen, sondern psychologisch oder physiologisch begründet sind. Um all das geht es an dieser Stelle aber (noch) nicht. Hier geht es zunächst darum, entlang von Forschungsergebnissen und persönlichen Erfahrungen Klarheit in die Zusammenhänge zwischen gesellschaftlicher Marginalisierung und Langeweile zu bringen.

Klasse

> In der Soziologie meint der Begriff soziale Klasse „eine Gruppierung von Menschen, die eine bestimmte Position im Wirtschafssystem einnimmt (z. B. Arbeiter, Manager oder Selbstständige). Häufig werden zudem ähnliche sozio-ökonomische Verhältnisse (Einkommen, Macht, Bildung) und ähnliche Interessen als konstituierend für eine Klasse angesehen. In aller Regel wohnt der Einteilung der Gesellschaft in verschiedene soziale Klassen implizit oder explizit eine Hierarchisierung von sozialen Klassenpositionen inne."[90] Je nach Analyseansatz spricht man auch von sozialen Schichten, Lagen oder Milieus. Grob unterteilt gibt es drei Klassen: die gehobene, mittlere und untere. Manchmal wird aber auch differenzierter in mehr als drei Klassen eingeteilt oder (bei den milieuorientierten Ansätzen) der Lebensstil (z. B. Einstellungen, Interessen und Hobbys) in die Kategorisierung miteinbezogen.

Langeweile ist in vielerlei Hinsicht ein Klassenphänomen. Einen Grund dafür bringt der Schriftsteller Wilfried N'Sondé in einem Interview für das Magazin *fluter.* auf den Punkt. Wilfried N'Sondé, bekannt geworden durch seinen Debütroman *Das Herz der Leopardenkinder*, ist in den Pariser

Banlieues aufgewachsen (also in den Pariser Vororten, die spätestens seit den großen Jugendkrawallen im Jahr 2005 zum Inbegriff von Tristesse und Gewalt geworden sind). Als er nach der generellen Stimmung in den Banlieues der 1970er und 80er Jahre gefragt wird, antwortet er: „Ja, es wurde dort gedealt, die Samstagabendpartys endeten oft mit Schlägereien. Aber das Schlimmste war eigentlich die Langeweile. Das Kino war eine halbe Stunde Fußweg entfernt. Wir hatten aber eh kein Geld dafür. Es gab einfach nichts zu tun. [...] Es ist ein Gefühl, wie nicht zu existieren, niemand zu sein. Es ist ziemlich schlimm, wenn man jung ist und nicht genügend Geld hat, um an einer kapitalistischen Gesellschaft teilzuhaben, in der alles Geld kostet."[91]

Ich könnte es nicht besser formulieren. Klar sind Geld und Konsum nicht zwangsläufig mit der Abwesenheit von Langeweile gleichzusetzen. Zufriedenheit und Glück können sich auch Besserverdienende letztlich nicht kaufen. Diese Einsicht und der gegebenenfalls damit einhergehende bewusste Konsumverzicht sind aber ein Privileg der wohlhabenderen Klassen. Es ist ein Unterschied, ob ich mich selbst entscheide, etwas nicht zu kaufen oder ob ich es nicht kann und gar nicht weiß, wie sich ein Leben mit regelmäßigen Kinobesuchen anfühlen würde. Konsumkritik also hin oder her, im Kapitalismus kostet das Nachgehen einer gesellschaftlich als befriedigend definierten Tätigkeit sehr häufig Geld: Kino, Sportverein und -equipment, Musikunterricht,

Konzerte, Urlaub, Bücher, Restaurantbesuche, Mobilität. Menschen in den unteren Klassen jenseits der Mitte haben dieses Geld jedoch oft nicht und sind von all diesen Aktivitäten ausgeschlossen.

Der Langeweileforscher Elpidorou schreibt in einem wissenschaftlichen Artikel über den Zusammenhang von Armut und Langeweile,[92] dass Menschen über ausreichend finanzielle Ressourcen, Freiheit und die Energie verfügen müssen, um Langeweile bewältigen zu können. Leider ist all das in unserer Gesellschaft sehr ungleich verteilt. Je nach Position im sozialen Gefüge ist die Überwindung von Langeweile also unterschiedlich schwer, in den unteren Klassen ganz besonders. Das zeigt auch der Blick auf die Studienlage zum Thema: Wie die meisten negativen Emotionen[93] tritt Langeweile häufiger in den unteren als in den mittleren oder oberen Klassen auf. Diverse Studien zeigen, dass sich Menschen mit geringem Einkommen und/oder geringerer Bildung häufiger und stärker langweilen.[94][95][96] Allerdings, das sei dazu gesagt, ist die Studienlage dazu bislang sehr dünn. Die empirische Forschung, die es dazu gibt, beschäftigt sich meist sehr generell mit dem Thema Langeweile und erwähnt den Einfluss von Einkommen und Bildung darauf meist als Randergebnis in ein oder zwei Sätzen. Es wird höchste Zeit, diesem Thema mehr Aufmerksamkeit zu widmen und die theoretischen

Einsichten mit gezielterer Forschung zu untermauern. Ich bin mir sicher, dass sich Elpidorous These bewahrheiten wird, denn sie scheint mir logisch: Wer den ganzen Tag in zwei verschiedenen Jobs arbeitet und trotzdem nur einen Hungerlohn dafür bekommt, wird weder das nötige Geld noch die Energie haben, um abends in die nächste Stadt zu fahren und dort am kulturellen Leben teilzunehmen oder schön essen zu gehen. Und wer gar keine Lohnarbeit hat, dafür aber ständig vom Arbeitsamt gegängelt und vom Umfeld beobachtet wird, der*dem fehlt zusätzlich noch die nötige Freiheit für so etwas. Francis Seeck, Kulturanthropolog*in, Autor*in und Kind einer alleinerziehenden arbeitslosen Mutter, erzählt dazu im Buch *Zugang verwehrt* die Geschichte, wie sie:er mit der Mutter mal in einer Pizzeria essen gegangen ist. Dort trafen die beiden eine Lehrerin, die Francis am nächsten Tag fragte: „Wie könnt ihr euch das leisten? Ihr bezieht doch Sozialhilfe. Ihr kriegt vom Staat alles zugeschoben."[97] Spaß, Genuss, Zerstreuung? Bitte nur für den lohnarbeitenden Bevölkerungsteil. Arbeitslose Menschen sollen gelangweilt zu Hause sitzen, sonst wäre der Druck ja nicht mehr groß genug, sich einen Job zu suchen. So oder so ähnlich lautet wohl die Logik dahinter.

Freie und selbstbestimmte Mußezeit, beispielsweise in Form eines Sabbaticals, ist bloß etwas für Bildungsbürger*innen. Arbeitslosigkeit hingegen soll möglichst langweilig bleiben. Sie ist, wie der Erziehungswissenschaftler Wolfgang Nahrstedt schreibt, „schlechte Freizeit", weil sie mit sozialer Diskriminierung einhergeht.[98] Dabei ist Nichtarbeit gar nicht per se langweilig, auch wenn wir gerne so tun als wäre Lohnarbeit an sich wichtiger und interessanter. Es gibt so viele monotone, repetitive, sinnlose Jobs, und ich wage zu behaupten, dass manche*r Renter*in oder Hausfrau*Hausmann die Zeit sinnerfüllter und interessanter verbringt, als es vielen Büroangestellten mit 40-Stunden-Stelle möglich ist. „Der Arbeitslose" ist jedoch ein „sozial diskriminierter Sonderfall der dominierenden Gruppe nicht-berufstätiger Gesellschaftsmitglieder".[99] Durch diese Diskriminierung und das damit verbundene „Fehlen einer gesellschaftlich getragenen Konzeption von Freizeitgestaltung und konstruktiver Nutzung von Arbeitslosigkeit" wird die Arbeitslosigkeit schließlich zu „organisierter Langeweile",[100] so Nahrstedt.

Das ist bei Weitem nicht die Lappalie, für die Langeweile gerne gehalten wird. Wie schwer sie in den unteren Klassen wiegen kann, zeigt sich sehr gut im Zitat von N'Sondé. „Das Schlimmste war die Langeweile", resümiert er. Auch wenn Langeweile mit Blick auf die generell prekären Lebensumstände armer Menschen trivial erscheinen mag, ist sie das nicht. Sie steht bei N'Sondé in einer Reihe mit Gewalt und Stress. Sie ist eine große Beeinträchtigung des physischen und psychologischen Wohlbefindens und kann, wie bereits beschrieben, destruktive Verhaltensweisen begünstigen. Sie ist das Gefühl, in dem sich das Abgehängtsein und die damit verbundene Perspektivlosigkeit kristallisiert. Anna Mayr, Journalistin und Kind zweier Langzeitarbeitslosen, fängt diese Atmosphäre in ihrem autobiographischen Buch *Die Elenden* sehr gut ein, wenn sie darüber schreibt, dass in ihrem Viertel nicht gewählt wird: „Ich dachte an meine Eltern, an all die Gründe nicht zu wählen. An das Viertel der Abgehängten mit den Soziologiestudenten, die dort herumlaufen, an das Elend, an meinen Blick aus dem Kinderzimmerfenster, graue Fassaden, dunkelgrüne Autos und Katzen, die in Sandkästen scheißen, an die schreienden Kinder in der Wohnung über uns, an die Langeweile und an das Gefühl, nicht Teil dieser Welt zu sein, die da draußen irgendwo ist und in der es Wahlen gibt und eine schöne, heile Demokratie."[101]

Wenn man verstehen will, warum manche Menschen stärker von Langeweile betroffen sind als andere, kommt man nicht umhin, sie in Bezug zur Klasse zu setzen. Langeweile und das Gefühl, „nicht Teil dieser Welt zu sein", sind eins. In einer Studie über obdachlose Menschen im post-sowjetischen Bukarest bringt der Kulturanthropologe Bruce O'Neill auf den Punkt, was N'Sondé und Mayr erfahren haben. Für ihn verweist Langeweile auf eine Ausgrenzung aus dem städtischen Leben, das sich zunehmend durch Konsumpraktiken entfaltet. Es sei eine brutale Art der Langeweile, die nicht nur die Unfähigkeit zu konsumieren ausdrücke, sondern auch das Gefühl, ins Abseits gedrängt zu werden und in einer neoliberalen Ära des vermeintlichen Aufstiegs abwärtsmobil zu sein.[102] Sich als Teil dieser Welt zu empfinden und sich in ihr nicht zu langweilen, ist ein Privileg, das wir adäquat benennen und perspektivisch verändern sollten. Es ist eine Frage der sozialen Gerechtigkeit, die ganz besonders die unteren Klassen betrifft, also die armen Menschen, das Prekariat und die untere Mittelklasse.[103] Bei Langzeitarbeitslosen und Menschen in unsicheren, schlecht bezahlten Arbeitsverhältnissen, die weit unterhalb des deutschen Wohlstandsdurchschnitts leben, sind finanzielle Ressourcen, Freiheit und Energie besonders rar.

Ein Stückchen weiter oben, in der unteren bis mittleren Mittelklasse, wird es schon komplizierter mit der Langeweile. Es gibt auch hier Langeweile erzeugende Klassenzwänge, allerdings schon wesentlich subtiler. Die untere und die mittlere Mittelklasse sind nicht so extrem durch existenzielle finanzielle Not und Ausschluss von gesellschaftlicher Teilhabe geprägt. Die Menschen hier leben knapp unter oder genau im deutschen Wohlstandsdurchschnitt. Bei ihnen ist die Angst vor dem Abstieg in die unteren Klassen und ein damit verbundenes hohes Sicherheitsbedürfnis sehr ausgeprägt.[104] Sie sind nah dran an den Geldnöten der Klassen direkt unter ihnen und wissen, dass nicht viel passieren muss, um dahin abzurutschen. Lebensziel in diesen Klassen ist daher oft das Erreichen und Halten gesicherter Positionen und Pflichterfüllung; nicht so sehr die Selbstverwirklichung der oberen Klassen.[105] Und genau dieses Ziel kann Langeweile erzeugen, wenn das Sicherheitsbedürfnis mit der Vorstellung einer befriedigenden Tätigkeit in Konflikt steht. Dann verweist die Langeweile auf mentale und finanzielle Klassengrenzen.

Das typische Langeweile-Dilemma der unteren bis mittleren Mittelschicht sieht ungefähr so aus wie bei einer meiner Freundinnen, die nach dem Realschulabschluss eine Ausbildung zur Bürokauffrau gemacht hat und nun seit einigen Jahren bei ihrem Ausbildungsunternehmen im Kundenservice arbeitet. Zusammen mit dem Gehalt ihres Mannes, eines Kfz-Mechanikers, kommt sie ganz gut über die Runden. Beide haben früh angefangen zu arbeiten, lange gespart und mit einem Kredit eine Eigentumswohnung gekauft. Nun sind sie auf ihr regelmäßiges Einkommen angewiesen, um den Kredit abzubezahlen, und haben wenig Puffer. Ihr Einkommen ist deshalb gerade besonders wichtig, leider aber auch mit Langeweile verbunden, denn ihre Aufgabe besteht hauptsächlich darin, Kund*innen in

Empfang zu nehmen und Reklamationen zu bearbeiten. Den Großteil ihres Tages verbringt sie mit Warten. „Am Anfang dachte ich, das wäre kein Problem, und habe mich gefreut, bei der Arbeit im Internet surfen zu können. Inzwischen kenne ich den Online-Katalog von Zalando aber schon auswendig. Ich langweile mich echt zu Tode", sagt sie. Sie würde gern kündigen und einen neuen Job suchen, am liebsten etwas ganz anderes machen: Eine Ausbildung zur Physiotherapeutin oder Heilpraktikerin. Bei dem Gedanken schlägt ihr Herz höher. Sie hört die Botschaft ihrer Langeweile zwar klar und deutlich, aber in ihrem Unternehmen hat sie ein gutes Gehalt und einen unbefristeten Vertrag. Mehr Unsicherheit in Kauf zu nehmen, kommt in ihrer Situation nicht in Frage. Selbst wenn alles gut gehen sollte, könnten sie und ihr Mann die Übergangszeit gerade finanziell nicht überbrücken; von den Risiken der Selbstständigkeit ganz zu schweigen.

Die Langeweile-Bewältigung stößt hier an ihre Grenzen – und das sind eindeutig Klassengrenzen. Meine Freundin und ihr Mann sind bei Weitem nicht arm, verfügen aber auch nicht über ausreichend Rücklagen, um große Risiken einzugehen. Die Journalistin Julia Friedrichs bringt dieses Dilemma in ihrem Buch *Working Class* sehr gut auf den Punkt.[106] Es besteht darin, so wenig Rücklagen zu haben, dass kontinuierlich gearbeitet werden muss, um den Lebensunterhalt zu bestreiten. Solange eine Person aus der Working

Class lohnarbeitet, kommt sie gut zurecht. Tut sie es aufgrund von Krankheit, Jobverlust oder schiefgelaufenem Jobwechsel nicht mehr, bekommt sie schnell finanzielle Probleme. Julia Friedrichs Resümee: Menschen mit weniger als 10.000 Euro Rücklagen sind nur unzureichend gegen die Unwägbarkeiten des Lebens abgesichert. Und das betrifft eben nicht mehr nur die Klassen ganz unten, sondern auch viele Menschen in der Mittelklasse, von Musiklehrer*innen in prekären Arbeitsverhältnissen über selbstständige Designer*innen bis hin zu Büroangestellten. Und wenn es finanziell eher knapp ist, gilt häufig das Motto „Besser den Spatz in der Hand als die Taube auf dem Dach". Lieber Vermeidung des Abstiegs als Annäherung an den Lebenstraum. Oder anders formuliert: Lieber im unbefristeten, soliden, aber fremdbestimmten und langweiligen Job bleiben, als die aufregende, aber riskante Selbstständigkeit zu wagen. Es fehlt an Erfahrungswerten, Vorbildern und Denkmustern für andere Lebenswege, und häufig ist das Umfeld nicht besonders unterstützend. Im Gegensatz dazu liegt der Fokus in den oberen Klassen eher auf Genuss, Entfaltung und Postmaterialismus. In der Regel fällt man hier aber auch weicher, z. B. auf genügend finanzielle Rücklagen, wenn mal etwas schiefgeht.

Mit meiner eigenen Mittelklasse-Langeweile zu Industriekauffrau-Zeiten war es ganz ähnlich wie bei meiner Freundin. Mit dem Unterschied, dass ich kein Eigenheim abzubezahlen hatte, mein ganz persönliches Sicherheitsbestreben eigentlich gar nicht so stark ausgeprägt war und ich Abitur gemacht hatte, was mir einen unkomplizierten Neuanfang in Form eines Studiums ermöglichte. Dennoch schien es mir damals unerhört, nach mehr zu streben als finanzieller Sicherheit. Mein Umfeld gab mir zu verstehen, dass ich mich gefälligst mit dem begnügen sollte, was ich hatte. Als ich todunglücklich mit meiner Ausbildung war und überlegt habe, sie abzubrechen, sagten mir viele Leute, ich könne doch froh sein, überhaupt einen Job zu haben und solle genießen, dass es nicht so anstrengend ist. „Ist halt so", lautete die achselzuckende Diagnose und „Machste nix" die schlechte Prognose. Auch hier wieder der Blick nach unten: „Könnte schlimmer sein" (Arbeitslosigkeit) anstatt „Könnte besser sein". Das hilft, um sich mit den Gegebenheiten zu arrangieren, aber nicht um den Klassenaufstieg in eine vielleicht weniger langweilige Zukunft zu wagen.

Besonders eindrücklich ist mir ein Gespräch mit meinem Nachbarn in Erinnerung geblieben. Bei einem Nachbarschaftstreffen fragte er mich, wie mir meine Ausbildung gefalle. „Gar nicht", antwortete ich und klagte mein Leid über Unterforderung, Desinteresse und verkrustete Ausbildungsstrukturen. Ich erzählte von meiner Dauermüdigkeit, den endlos erscheinenden Tagen und der Hilflosigkeit. Als ich fertig war, guckte mich mein Nachbar bloß verständnislos an und fing plötzlich an laut zu lachen. „Silke!", sagte er schließlich, „Nimm das doch nicht so schwer. Arbeit ist halt langweilig. Wenn sie nicht langweilig wäre, wäre es Freizeit!" Für meinen Nachbarn geht das Leben genauso auf. Für ihn, ganz typisch für sein traditionelles Milieu, ist Arbeit einfach Arbeit. Mal mehr und mal weniger langweilig, dient sie einfach dazu, Geld zu verdienen, und nach Feierabend geht dann der schöne Teil des Lebens los. In dieser Zeit denkt er wenig über die erste Hälfte des Tages nach und geht fröhlich seinen Hobbys nach, die er sich durch sein Einkommen ermöglicht.

Einige Jahre später, als ich an der Universität und damit im Milieu der Intellektuellen angekommen war, konnte ich beobachten, dass das dortige Verhältnis zur Langeweile überraschend anders aussah. Auch hier gab es zunächst reichlich Langeweile, vor allem in meinen Nebenjobs. Nach einigen eher mittelspannenden Jobs als Callcenter-Agentin, Messehostess und Garderobenfrau dachte ich, es würde jetzt endlich interessant werden. Ich war jedoch auch in manchen vermeintlich anspruchsvolleren Jobs als studentische Hilfskraft immer mal wieder gelangweilt von meiner monotonen Hauptaufgabe, der Korrektur von Zitationen und Literaturverzeichnissen. Als ich einer Studienfreundin davon erzählte und sie fragte, ob das wohl auch nach dem Studium so langweilig bliebe, war ihre Antwort eindeutig: „Auf keinen Fall hinnehmen!" Ich solle mal mit meiner Chefin reden und nach anderen Aufgaben fragen. Es sei ja okay, auch mal den langweiligen Kram zu erledigen, aber als studentische Hilfskraft könne man mehr und sollte deshalb die Gelegenheit zum Lernen und Wachsen bekommen. Wenn das Gespräch nichts nützt, müsse ich eben den Job wechseln. Die Langeweile einfach hinnehmen, aushalten oder sogar froh darüber sein? Das war weder für sie noch für meine anderen Kommiliton*innen eine Option. Im Studium nicht und danach erst recht nicht. Neben den großen Schlagwörtern Selbstverwirklichung, Spaß und Leistung passte Langeweile nicht ins (Selbst-)Bild. Außerdem waren viele meiner Kommiliton*innen gar nicht auf das Geld aus ihren Nebenjobs angewiesen. Es war zusätzliches Taschengeld neben der Unterstützung der Eltern oder galt in erster Linie der beruflichen Qualifizierung. Da konnte man schon einmal höhere Ansprüche an einen Job stellen. Klar, auch unter Akademiker*innen muss Langeweile mal ausgehalten werden, insgesamt galt aber das Motto: Für Langeweile haben wir nicht studiert.

Normaler Bestandteil des Arbeitslebens auf der einen Stufe der sozialen Leiter, Tabu und Kündigungsgrund auf der anderen – so unterschiedlich kann der Umgang mit Langeweile sein. Ist sie normal? Oder ein Problem? Ein

Antrieb zur Veränderung? Eigenes Versagen oder Fremdverschulden? All das hängt stark von der Klasse ab, in der wir uns bewegen. Zur Klassenzugehörigkeit gehört nicht nur ein bestimmtes Einkommen, ein bestimmter Bildungsabschluss und ein bestimmter Job, sondern immer auch ein bestimmter Blickwinkel auf die Welt, der durch die klassenspezifischen Lebensrealitäten geprägt ist. Wem aufgrund des Bildungsabschlusses und der Ausbildung viele berufliche Türen offen stehen, die*der muss sich nicht so sehr um die Sicherheit sorgen. Wer dann noch ein großes Vermögen und zwei Häuser geerbt hat, wird auch durch Jobverlust nicht in die unteren Klassen absteigen. Existenzielle Nöte und Lohnerwerb rücken in den Hintergrund, Spaß und Befriedigung bei der Arbeit in den Vordergrund.

Finanzielle Nöte, der Mangel an Möglichkeiten, die Ausgrenzungserfahrungen und der damit einhergehende Blick auf die Welt machen Langeweile in den unteren Klassen wahrscheinlicher und ausweisloser als in den oberen. Nicht weil es in den unteren Klassen per se langweiliger wäre, sondern weil der Zugang zu vielen befriedigenden Tätigkeiten der oberen Klassen verwehrt bleibt. Wie Kulturanthropolog*in Francis Seeck schreibt: „Klassismus durchzieht unser ganzes Leben: Er beginnt schon vor der Geburt und reicht bis über den Tod hinaus."[107] Ich möchte ergänzen: Das umfasst auch unser Gefühlsleben, allen voran die Langeweile. Sie ist emotionaler Spiegel unserer Lebensumstände und direkter Ausdruck der klassistischen Marginalisierung.

Gender

> Der Begriff Gender, häufig auch als das ‚soziale Geschlecht' übersetzt, betrachtet das Thema Geschlechtsidentität aus gesellschaftlicher Perspektive und bezieht sich auf die kulturell und historisch variablen gesellschaftlichen Geschlechtervervorstellungen. Welche Geschlechter es gibt, woran sie festgemacht werden und welche (stereotypen) Eigenschaften mit der jeweiligen Geschlechtskategorie verbunden werden ist demnach keine Frage der Biologie, sondern ein-komplexer gesellschaftlicher Zuschreibungsprozess.[108] Auch wenn traditionelle Rollenbilder Menschen jeglicher Geschlechtsidentität beeinflussen und einengen können, spreche ich hier in erster Linie über die Marginalisierung und Langeweile von cis Frauen (also Frauen, deren bei der Geburt zugewiesenes Geschlecht mit der empfundenen Geschlechtsidentität übereinstimmt) und weiblich sozialisierten Personen (also etwa Personen, denen bei der Geburt das weibliche Geschlecht zugewiesen wurde, die aber trans oder nicht-binär sind).

Als ich gerade Mutter geworden und in halbjähriger Elternzeit war, habe ich auf dem Spielplatz einen Mann getroffen, der vor ein paar Monaten zum zweiten Mal Vater geworden ist. Wir sprachen über die Elternzeit und er erzählte mir, dass er beim ersten Kind fünf Monate Elternzeit genommen hat, diesmal jedoch nur die typischen zwei Vätermonate Elternzeit nimmt, die man quasi geschenkt bekommt.[109] Seine Begründung: Die erste Elternzeit war so langweilig, dass er das nicht nochmal so machen möchte. In der großen Kleinstadt, in der wir beide wohnten, gab es quasi kein Angebot für Väter. Die sogenannten Mutter-Kind-Kurse wirkten wenig einladend für ihn, und andere Väter in Elternzeit gab es kaum. Ich kann das schon verstehen. Väter werden häufig weder mitgedacht noch adressiert. In Berlin oder Köln vielleicht schon, in vielen kleineren Städten aber nicht, einfach weil es meist die Mütter sind, die das erste Babyjahr zu Hause verbringen. Da beißt sich die Katze in den Schwanz: Kaum Angebote für Väter, weil es so wenig Väter in Elternzeit gibt, und dieser Mangel an Angeboten wiederum macht die Elternzeit für sie nicht gerade attraktiver.

Andererseits kann ich es aber auch nicht verstehen. Als Mutter war mir der Gedanke, dass Langeweile ein legitimes Kriterium für das Kürzen der Elternzeit sein könnte, ziemlich fremd. Ging es in dieser Zeit nicht in erster Linie darum, bestmöglich für das Kind zu sorgen, statt den eigenen Interessen nachzugehen? Hätte ich diesen Faktor vielleicht auch noch stärker in meine Entscheidung einbeziehen sollen? Der Spielplatzvater lag meiner Meinung nach falsch mit seiner unbewussten Unterstellung, die Elternzeit sei für Väter langweiliger als für Mütter. Meiner Erfahrung nach ist es nicht so sehr ans Geschlecht gebunden, wie die Elternzeit empfunden wird. Dann schon eher an das Verhältnis zur Lohnarbeit vor der Elternschaft. Es gibt alles: Väter, die die Betreuung ihrer Kinder als größte Erfüllung erleben, und Väter, für die es schrecklich langweilig ist. Gleichwohl habe ich viele Gespräche mit Müttern geführt, die das erste Babyjahr schrecklich langweilig fanden, und mit anderen, für die es so schön war, dass sie die Elternzeit verlängert haben oder direkt wieder schwanger geworden sind, um noch länger zu Hause bleiben zu können. Ich selbst befinde mich da irgendwo im Mittelfeld.

Was die Mutter-Kind-Kurse angeht, kann ich aber definitiv sagen: Im Grunde war das Angebot für mich genauso wenig ansprechend. Klar, ich wurde in den Kursbeschreibungen meist direkt als Frau angesprochen und in den Kursen traf ich (ausschließlich!) andere Frauen, häufig auch mit ganz ähnlichen Problemen, aber hingehen wollte ich trotzdem nicht (und wegen der Pandemie gab es auch nur sehr wenige Möglichkeiten dazu). Ich habe mich auch nicht angesprochen gefühlt von diesen Kursen, die zu 95 Prozent in der katholischen Bildungsstätte stattfanden. Ich bin weder katholisch getauft noch Mitglied irgendeiner anderen Kirche. Ich weiß, das spielt da im Grunde keine Rolle und die Menschen dort machen prima Arbeit, aber abgeschreckt hat es mich dennoch. Darüber hinaus hat das alles nicht so richtig meinen Interessen entsprochen. Ich wuchs in meine Mutterrolle noch hinein und hätte mir eher Input jenseits von Elternthemen gewünscht als noch mehr davon. Außerdem war ich einfach hundemüde, erschöpft und hatte zudem auch kein Auto. Nachdem ich einmal 30 Minuten zu so einem Kurs hingelaufen war, dort eine Stunde lang beim Mutter-Kind-Yoga mein Baby auf dem Arm halten musste, um dann 30 Minuten wieder zurückzulaufen, habe ich es direkt aufgegeben. Ich war neu in der Stadt, kannte weder andere Mütter noch Väter noch sonst irgendwelche Menschen und war viel allein. Natürlich war das *auch* oft langweilig für mich. Nur dachte ich eben, dass ich da halt durch muss. Es gehörte für mich in gewissem Rahmen dazu, und ich hatte ja ohnehin „nur" sieben Monate Elternzeit beantragt.

Die meisten Väter denken da aber wohl anders. Im Jahr 2020 haben gut 25% der Väter Elternzeit genommen. Allerdings nahmen sie durchschnittlich 3,7 Monate, während Mütter durchschnittlich 14,5 Monate beantragten.[110]

Das hat natürlich nicht nur mit Langeweile zu tun, sondern auch mit einer langen Tradition konservativer Rollenaufteilung, einem in der Regel höheren Einkommen der Väter und damit, dass viele Mütter stillen und es somit einfacher ist, wenn sie beim Kind sind. Aber es bedeutet eben auch, dass Väter, die die Elternzeit langweilig finden und deshalb nur kurz zu Hause bleiben möchten, diese Entscheidung im Einklang mit der gängigen Norm treffen können. Nur zwei Monate Elternzeit zu nehmen fällt nicht weiter auf; machen ja fast alle so. Mütter hingegen, die es langweilig finden, Vollzeit ein Baby zu betreuen und gerne früher zurück in den Job möchten, müssen das entgegen gängiger Normen und dem Idealbild einer guten Mutter tun. Das ist nicht besonders hilfreich, um ein individuell passendes Familienmodell zu finden, denn auch wenn viele Menschen nicht müde werden zu behaupten, als Mutter könne man gar keine Langeweile haben, gibt es sie sehr wohl, die gelangweilten Mütter. In Elternforen und auf sogenannten Mamablogs schreiben sie darüber, dass sie die Zeit mit ihren Kindern häufig als langweilig empfinden, auch wenn sie ihre Kinder lieben.

Ich habe diese Online-Beiträge über Langeweile in einer qualitativen Studie analysiert und dabei festgestellt, dass der mütterlichen Langeweile häufig eine Idealvorstellung komplett erfüllender Mutterschaft zugrunde liegt. Soll heißen: Die gelangweilten Mütter haben vor der Geburt ihrer Kinder erwartet, dass sie komplett in der Mutterrolle aufgehen würden und nichts anderes als ihr Kind bräuchten, um glücklich zu sein. Ich glaube nicht, dass das eine Erwartung ist, mit der Väter in die Vaterschaft starten. Leider hat sich diese Vorstellung für die Mütter in den Forenbeiträgen nicht erfüllt. In der Mutterschaft angekommen, litten sie unter der fehlenden Anerkennung für ihre Rolle als Hausfrau und Mutter und langweilten sich mit den damit verbundenen Aufgaben. Anstatt diese Langeweile zum Anlass zu nehmen, um dieses Ideal zu hinterfragen, gaben sie lieber sich selbst oder ihren „pflegeleichten" Babys die Schuld dafür. Die Möglichkeit, die Elternzeit einfach zu verkürzen oder sich mit dem Partner anders aufzuteilen, kam ihnen nicht in den Sinn. Stattdessen galt das Motto: aushalten, abwarten und ablenken. Die Norm sitzt tief. Die Vorstellung, frühe Fremdbetreuung könnte für manche Familien die beste Option sein, liegt für viele Menschen im westlichen Teil Deutschlands nach wie vor sehr fern, auch wenn beispielsweise nur zehn Kilometer von meinem Wohnort entfernt, in Frankreich, ganz anders damit umgegangen wird. Dort ist es üblich, Kinder bereits mit zwei Monaten in die Fremdbetreuung zu geben, und auch in den deutschen Bundesländern, die ehemals Teil der DDR waren, herrscht eine andere Betreuungskultur.

Natürlich ist es auch nicht besser, gesellschaftlichen Druck in die andere Richtung auszuüben und Mütter möglichst früh wieder in die Erwerbsarbeit zu drängen, auch wenn manche von ihnen lieber bei den Kindern bleiben würden. Es geht mir mit diesem Beispiel auch gar nicht darum, zu diskutieren, ob Mütter und Väter nun kürzer oder länger zu Hause bleiben sollen. Das sollen die Menschen für sich selbst entscheiden. Ich möchte auch nicht implizieren, dass Mutterschaft oder Care-Arbeit an sich langweilig wären. Weder Erwerbs- noch Care-Arbeit ist per se langweiliger oder weniger langweilig als das andere. Es ist einfach eine Frage der persönlichen, geschlechtsunabhängigen (!) Interessen und Fähigkeiten und hat zudem damit zu tun, welcher Art von Erwerbsarbeit ich nachgehe und wie mein Kind so drauf ist.

So undogmatisch betrachten wir das Thema gesellschaftlich allerdings selten. Care-Arbeit ist normativ hoch aufgeladen. Die Bewertung findet dabei immer im Kontext der jeweiligen Zeit statt. Die Historikerin Martina Kessel weist darauf hin, dass der Haushalt erst in der Moderne durch den Wegfall seiner produktiven Funktion zunehmend als „repetitiv, einförmig und langweilig" charakterisiert wurde. Im Gegensatz zur Erwerbsarbeit, die zunehmend als „Maßstab von Identität" galt, „verlor die Hausarbeit ihren Status und Anerkennung als zufriedenstiftende Kategorie".[111]

Leider verhindert genau diese moderne Abwertung von Care-Arbeit als langweilig das Ausleben der persönlichen Interessen und sinnvolle Langeweile-Bewältigung. Bestes Beispiel dafür ist meine Mutter. Erst kürzlich hat sie mir erzählt, dass ihr kaum noch langweilig ist, seit sie sich endlich eingestanden hat, dass sie richtig gerne kocht und das nun auch auslebt. Jahrzehntelang hat sie sich dagegen gewehrt, dem Bild der kochenden Hausfrau zu entsprechen, und diese Aufgabe, sooft sie konnte, meinem Vater oder der Kantine überlassen. Nun sehe ich sie vertieft in ihre Kochbücher und fröhlich neue Gerichte ausprobierend am Herd. Ähnliches habe ich auch in meiner Studie gefunden: Die Mütter, die die Arbeitszentrierung unserer Gesellschaft kritisch hinterfragten (z. B. „Ist es wirklich so viel spannender, acht Stunden am Schreibtisch zu sitzen?") und ihre Tätigkeiten als Mutter und Hausfrau zudem als wichtig empfanden, hatten keine Langeweile. Langeweile ist also nicht nur eine Frage der Tätigkeit an sich, sondern auch eine Frage der gesellschaftlichen Deutung.

Es geht mir hier darum, zu zeigen, dass es geschlechtsspezifische Deutungsmuster und Emotionsregeln gibt, die unseren Umgang mit der Langeweile leiten: Auf der einen Seite ist sie extern verursacht und ein Grund zur Veränderung (wie beim Spielplatzvater), auf der anderen Seite ist sie selbstverschuldet und schlichtweg auszuhalten (wie bei den gelangweilten Müttern im Elternforum). Historisch betrachtet ist das wenig überraschend. Es gibt eine lange Tradition, weibliche Langeweile kleinzureden und ihr mit Ablenkung statt strukturell verankerter Gleichberechtigung beikommen zu wollen. Kessel weist in ihrer Studie über den Umgang mit Zeit und Gefühl im Deutschland des späten 18. bis frühen 20. Jahrhundert darauf hin, dass Frauen in der Moderne aus dem linearen Zeitkonzept der bürgerlichen Identität quasi herausgeschrieben wurden: „Sie sollten weder eine Vergangenheit noch eine Zukunft haben, sondern formbare Gegenwart sein."[112] Bestimmt langweilten sich die Frauen früherer Epochen auch hin und wieder, aber zur Wende vom 18. zum 19. Jahrhundert, als sie sich ihrer benachteiligten Stellung in der Gesellschaft bewusst wurden und diese nicht länger hinnehmen wollten, nahm die Langeweile weitaus größere Ausmaße an (festgehalten in vielen literarischen Werken wie zum Bespiel Gustav Flauberts *Madame Bovary* oder Charlotte Brontës *Jane Eyre*). Die patriarchale Strategie dieser Zeit bestand darin, zu behaupten, dass ein solches System schwache und unselbstständige Frauen vor den Problemen der Welt schütze und ihnen den Komfort und die Freizeitmöglichkeiten biete, die für ihre zerbrechliche Veranlagung notwendig seien. Einige Frauen passten sich diesem Bild an und gaben sich der Langeweile hin, während andere aktiv versuchten, sie zu bekämpfen, um ein gewisses Maß an Unabhängigkeit zu erlangen oder sich die Langeweile erträglicher zu machen.[113] Anstatt die Langeweile als Ausdruck weiblicher Marginalisierung zu adressieren, rieten Frauenratgeber dieser Zeit gern zu „einem völlig durchorganisierten Tagesablauf" sowie dem „Wechsel zwischen Hausarbeit, Geselligkeit und philanthropischer Arbeit", um „die Nerven frisch zu halten".[114] Fleiß und Zeitökonomie sollten als Sinnersatz für Mädchen und Frauen herhalten, zukunftsorientiertes Handeln hingegen blieb den Männern vorbehalten.[115] Und ganz ähnlich lautet der Ratschlag auch noch heute an die gelangweilten Mütter in den Elternforen: „Da hilft nur eins, so viel unterwegs sein wie möglich", heißt es dann, anstatt zu einer gleichberechtigten Aufteilung der Care-Arbeit zu raten, sodass beide Elternteile gleichermaßen eine Chance haben, ihren jeweiligen Interessen jenseits der Elternschaft nachzugehen.

Bei all den Parallelen zwischen den Anfängen der Moderne und der gegenwärtigen Postmoderne hat sich die Rolle der Frau im letzten Jahrhundert enorm verändert. Aktuelle psychologische Studien zeigen, dass die generelle Anfälligkeit für Langeweile zwischen den Geschlechtern nicht besonders stark variiert oder sie kommen zu widersprüchlichen Ergebnissen. Einige Studien belegen, dass Männer eher zu Langeweile neigen; andere, insbesondere wenn es um Langeweile in der Freizeit geht, zeigen hingegen, dass sich Frauen schneller langweilen. Bezieht man noch kulturelle Faktoren mit ein und erhebt länderübergreifend, lässt sich erkennen, dass das Geschlecht in unterschiedlichen Ländern unterschiedliche Effekte auf die Langeweile hat. Frauen im Libanon und in Hong Kong zeigten in einer kulturvergleichenden Studie eine höhere Anfälligkeit für Langeweile als Frauen in den USA und Australien.[116] Dies deutet darauf hin, dass es sich bei den genderspezifischen Unterschieden um Sozialisationseffekte handelt.

Das Geschlecht wirkt sich also durchaus auf unsere Langeweile aus; wir wissen aber nicht genau warum. Außerdem variieren die Unterschiede je nach Kultur und Kontext. Das ist für mich nur logisch, denn in unterschiedlichen Kontexten (Schule, Studium, Ausbildung, Elternschaft, Freizeitgestaltung, Partnerschaft, Rente etc.) oder Kulturen wirken unterschiedliche Gendernormen und -zwänge. Manche Situationen ergeben einen besseren fit zur jeweiligen Geschlechtssozialisation, andere einen schlechteren. Ein gutes Beispiel dafür ist eine Schilderung über Langeweile des Soziologen und Autors Édouard Louis. Als homosexueller Jugendlicher passte er nicht ins Männlichkeitsbild der französischen Provinz und litt durch den Versuch, sich den gängigen Normen anzupassen, unter Langeweile: „Ich schloss mich den Jungen an, so eng es ging, um meine Eltern zu beruhigen. In Wirklichkeit langweilte ich mich furchtbar mit ihnen. Und nicht selten sagte ich zu meiner Mutter, wenn ich rausging, ich würde die anderen Jungs treffen, war aber mit Amélie verabredet. Eins meiner Lieblingsspiele bestand darin, sie zu schminken, ihr Lippenstift aufzutragen und Puder in allen Farben."[117]

Um die Grenzen seiner Herkunft zu überwinden, verlässt er als Erwachsener das Dorf seiner Kindheit und geht nach Paris. Das intellektuelle Milieu der Großstadt bietet ihm eine weitaus bessere Passung jenseits enger Geschlechterstereotypen. Wäre Louis in einer statistischen Studie zu seiner Langeweile befragt worden, hätte er im Dorf seiner Kindheit wahrscheinlich etwas anderes angegeben als ein paar Jahre später in der Stadt.

Generell sind Geschlechterdifferenzen in der Langeweile aber relativ schwer statistisch zu messen. Psychologische Statistiken beruhen in der Regel auf einer Selbstauskunft, was in Bezug auf das Geschlecht heikel ist. Das Forschungsteam um Norman Sundberg merkt in einer Studie über kulturelle und geschlechtsbezogene Einflüsse auf Langeweile kritisch an, dass Männer im Gegensatz zu Frauen oft dazu erzogen werden, aktiver, suchender, initiativer zu sein sowie ihre eigenen Interessen auszuleben. Das kann dazu führen, dass Männer Situationen schneller als langweilig bewerten, während Frauen andere Erwartungen anlegen und ein vielleicht ganz ähnliches Gefühl noch nicht als langweilig benennen. Außerdem tendieren Männer eher dazu, die externe Situation als langweilig zu bezeichnen, während Frauen dazu neigen, das Problem zu sich zu nehmen und sich selbst als depressiv einzuschätzen.[118]

Es ist also kompliziert mit dem Gender und der Langeweile. Heutzutage sind es nicht mehr so sehr die externen Zwänge (das Verbot einer Arbeit nachzugehen, der Ausschluss von Bildung oder die gesetzlich verankerte Abhängigkeit vom Mann), die Langeweile bei Frauen hervorbringen. Aber so lange ist all das noch gar nicht her, und einiges der Geschichte lebt in patriarchalen Strukturen und verinnerlichten Geschlechternormen in uns fort. Meiner Erfahrung nach taucht Langeweile immer dort auf, wo Frauen versuchen, diesen Normen entgegen eigener Vorstellungen vom guten Leben zu entsprechen. Da, wo es – wenn auch nur gefühlt – keine zukunftsorientierte Handlung und freie Wahl gibt, sondern stattdessen den Wunsch, einem bestimmten Frauenbild zu entsprechen. Gleiches gilt umgekehrt auch für Männer, die jedoch historisch betrachtet nie in eine Langeweile fördernde Passivität und Abhängigkeit gedrängt wurden.

Race

Im Gegensatz zum deutschen Begriff ‚Rasse' beinhaltet der Begriff *race* „das Wissen, dass es zwar keine Menschenrassen gibt, aber sehr wohl Rassismus aufgrund einer Kategorisierung in vermeintliche ‚Rassen'".[119]

Auf Deutsch kann man beispielsweise von ‚Menschen mit Rassismuserfahrung' sprechen. Um deutlich zu machen, dass es sich bei der Kategorie *race* um eine gesellschaftliche Zuschreibung handelt, werden folgende Bergriffe verwendet:

— Schwarze Menschen mit großem Anfangsbuchstaben, um kenntlich zu machen, dass es sich um eine politische Selbstbezeichnung und nicht um eine Farbe handelt.
— *weiße* Menschen, kursiv und klein geschrieben, ebenfalls um deutlich zu machen, dass es sich dabei nicht um eine Farbe handelt. Als *weiß* werden Menschen bezeichnet, die aufgrund ihres Aussehens keine Rassismuserfahrungen machen.
— Personen of Color als Selbstbezeichnung von Menschen, die Rassismus erleben.

Eigentlich ist im Kapitel über Klassismus implizit schon vieles über den Zusammenhang zwischen Langeweile und *race* gesagt worden. Denn häufig lässt er sich darauf zurückführen, dass rassifizierte Menschen strukturell diskriminiert werden und daher häufiger in armen oder prekären Verhältnissen leben. So weist zum Beispiel die kolumbianische Menschenrechtsaktivistin Balanta Jaramillo in einem Interview über den Zusammenhang zwischen Schwarzsein und prekären Lebensbedingungen in Kolumbien darauf hin: „Von Arbeitsverhältnissen Schwarzer Menschen im urbanen Kontext zu sprechen, zum Beispiel, ist gleichbedeutend mit Informalität, Prekarität und Ausbeutung sowie geringen sozialen Aufstiegsmöglichkeiten. Ich lebe und arbeite im Bezirk Aguablanca, einem der peripheren Gebiete im Osten Calis, in dem vor allem Schwarze, verarmte Menschen leben. Diese Schwarzen Territorien funktionieren strategisch als Produktionsstätten für billige Arbeitskraft, ohne jede Regularisierung für die betroffenen Branchen."[120]

Ähnliches lässt sich auch für Deutschland feststellen. Menschen mit (familiärer) Migrationserfahrung[121] sind überproportional häufig arm. Für das Jahr 2019 hält die Bundeszentrale für politische Bildung fest, dass das Armutsrisiko von Personen mit Migrationshintergrund mehr als doppelt so hoch war wie das von Personen ohne Migrationshintergrund

(27,8 gegenüber 11,7 Prozent).[122] Das, was hier die Langeweile fördert, ist dann genauer betrachtet die Kategorie Armut und nicht so sehr die Kategorie *race* selbst. So führt die Psychologin Lisa Wegener in ihrer Studie über Freizeit-Langeweile unter Jugendlichen in Südafrika das größere Ausmaß von Langeweile unter Schwarzen Jugendlichen und Jugendlichen of Color auf ihren sozioökonomischen Status (also eine Mischung aus Einkommen, Bildung und Beruf) zurück: In Südafrika ist *race* nach einem jahrzehntelangen Apartheidsregime immer noch ein starker Indikator für den sozioökonomischen Status, führt Wegener in der Diskussion ihrer Ergebnisse an.[123] Im Fall von Schwarzen Frauen und Frauen of Color kann die erlebte Langeweile auch durch Sexismus hervorgebracht werden. In diesem Sinne gilt vieles aus dem Kapitel über Langeweile und Gender auch hier.

Allerdings geht die Kategorie *race* auch nicht gänzlich in den Kategorien Klasse und Gender auf. Überschneidungen zwischen verschiedenen Diskriminierungskategorien führen nicht dazu, dass Menschen dann „nur einmal" diskriminiert werden, sondern gleich doppelt oder dreifach. Diese Gleichzeitigkeit und Überschneidung bezeichnet man als Intersektionalität. Dafür, dass Langeweile unter Schwarzen Menschen und Personen of Color eine Folge intersektionaler Diskriminierung sein kann, spricht beispielsweise das Ergebnis einer Studie von John D. Watt und Stephen Vodanovich. Die beiden Psychologen haben 381 Student*innen in ihrer Anfälligkeit für Langeweile untersucht. Schwarze Frauen zeigten hier die größte Anfälligkeit für Langeweile, gefolgt von Schwarzen Männern, *weißen* Frauen und *weißen* Männern.[124] Außerdem zeigt eine Studie des Psycholog*innen-Teams um Meghan Martz, dass die Kategorie *race* auch allein einen Einfluss auf Langeweile hat. Hier zeigten Schwarze Jugendliche, Jugendliche of Color und Native Americans in den USA auch unabhängig von ihrem sozioökonomischen Status eine höhere Neigung als *weiße* Jugendliche, sich in ihrer Freizeit zu langweilen.

Das Bild ist also sehr deutlich: Rassistische Diskriminierung kann Langeweile hervorbringen, meist als eine Art beiläufige Folge von Marginalisierung, die nicht bewusst intendiert wird aber trotzdem sehr wirkmächtig ist. Manchmal wird Langeweile aber auch bewusst als Instrument zur Unterdrückung eingesetzt, und zwar bei einer Gruppe, die besonders häufig und stark von rassistischer Diskriminierung betroffen ist: Geflüchtete Menschen. Auf diesen Aspekt bin ich durch die Soziolog*innen Izabela Wagner und Mariusz Finkielsztein gestoßen.[125] Sie haben eine Studie in einem Lager für geflüchtete Menschen in Südeuropa durchgeführt und dabei folgendes beobachtet: Die Langeweile unter den Geflüchteten ist nicht einfach eine zwangsläufige Konsequenz der dortigen Situation. Sie ist auch ein bewusst eingesetztes Instrument, um soziale Kontrolle und Macht auszuüben. Gelangweilte Menschen, die sich lethargisch und antriebslos fühlen, seien leichter zu manipulieren und unter Kontrolle zu halten, erklären die beiden Forscher*innen die Logik dahinter. Um das zu erreichen, werden beispielsweise keine Ressourcen bereitgestellt, um ein wenig Zeitvertreib zu ermöglichen. Die Geflüchteten im untersuchten Lager hatten in ihren Zimmern weder Internetzugang noch einen Fernsehanschluss. Und Landwirt*innen aus der Umgebung, die bei der Lagerleitung nachgefragt haben, ob es Personen gebe, die bei der Ernte unterstützen könnten, wurden weggeschickt.[126]

Die aus dieser Situation resultierende Langeweile hört auch nach Verlassen des Lagers nicht unbedingt auf. Das schwierige Verhältnis zwischen Arbeit und Aufenthaltsstatus bleibt ein zentraler und kritischer Punkt im Alltag geflüchteter Menschen. Sie haben so gut wie keine Möglichkeit, ihre Zeit selbstbestimmt zu nutzen, und dürfen häufig nicht oder nur unter sehr strikten Auflagen arbeiten. Alles, was sie tun sollen, ist: Warten. Das Lebensgefühl geflüchteter Menschen ist, wie der Journalist, Autor und Lehrer Tijan Sila in einem Artikel in der *taz* schreibt, nicht etwa Zorn über die widerfahrene Ungerechtigkeit, sondern Langeweile. In unzähligen Gesprächen versucht er, mit diesem Missverständnis aufzuräumen: „Ich erkläre, dass alle geflüchteten Schüler, denen ich in meinem Alltag als Lehrer begegne, ihre Abende nicht in umstürzlerischem Eifer, sondern in erdrosselnder Langeweile verbringen, auf Entscheidungen von Ämtern wartend. Und das galt auch für mich. Das hauptsächliche Gefühl eines Flüchtlings ist nicht Zorn, sondern schrecklicher Verdruss."[127]

Geflüchtete Menschen sind damit ein Paradebeispiel dafür, was der Soziologe Wolf Lepenies meint, wenn er Langeweile als Folge von Marginalisierung beschreibt. Für ihn ist Langeweile weniger ein individuelles Gefühl als vielmehr eine kollektive Stimmung. Sie ist das Ergebnis einer Reflexion der eigenen sozialen Position und dem damit verbundenen Bewusstwerden der eigenen Machtlosigkeit und Handlungsunfähigkeit.[128] Das bleibt natürlich nicht ohne Konsequenzen. Ganz im Sinne der Ergebnisse der Langeweileforschung belegt eine Studie über den Zusammenhang von Flucht und Suchterkrankungen, dass Langeweile, mangelnde Möglichkeiten zur Teilhabe und Schwierigkeiten mit dem Familiennachzug zum Gefühl der Resignation sowie Perspektivlosigkeit beitragen und die Suchtproblematik verstärken.[129]

Disability

Der Begriff Disability ist ein Sammelbegriff und „beinhaltet eine Vielzahl von Funktionseinschränkungen, die aus einer körperlichen oder geistigen Behinderung, einer Sinnesbehinderung, einem Krankheitszustand oder einer psychischen Krankheit resultieren können."[130] Diese Beeinträchtigungen können im Wechselspiel mit gesellschaftlichen Deutungen und Barrieren in der Umwelt zu Beeinträchtigungen führen. Behinderung und Krankheit sind keine Synonyme, werden allerdings aufgrund der ähnlichen Marginalisierungslogik hier unter dem Begriff Disability zusammengefasst: Beide Formen der Einschränkung kollidieren mit stereotypen Vorstellungen der Leistungsgesellschaft. Manchmal geht eine Behinderung oder Krankheit tatsächlich mit relevanten Leistungseinschränkungen für eine spezifische Tätigkeit einher, manchmal wird dies behinderten oder kranken Menschen lediglich zugeschrieben.

Eigentlich war dieses Kapitel über den Zusammenhang von Marginalisierung und Langeweile mit den Ungleichheitsdimensionen Klasse, Gender und *race* für mich fast abgeschlossen. Zwar habe ich immer mal wieder darüber nachgedacht, dass rein logisch auch die Ungleichheitsdimension Disability mit der Langeweile verschränkt sein müsste, allerdings fehlt es an Studien, die das belegen. Während der sozioökonomische Status, Gender und *race* übliche Fragebogenkategorien sind, die in psychologischen Studien standardmäßig abgefragt werden, gehört Disability leider nicht dazu. Da auch in den in Sozialwissenschaften Disability im Vergleich zu anderen Ungleichheitsdimensionen häufig weniger präsent ist, bin ich damit auch am wenigsten vertraut.

Glücklicherweise sagte eine gute Freundin aber schließlich etwas sehr Kluges, das die losen Gedankenfäden zu Langeweile und Disability soziologisch sinnvoll zusammenbrachte. Diese Freundin ist vor einem halben Jahr überraschend ernsthaft erkrankt. Sie hat eine schwere Operation hinter und einen langen Genesungsweg vor sich. Als wir ganz allgemein über mein Buch sprachen, erzählte sie mir, dass sie sich selbst im Thema Langeweile wiederfand – vor allem in ihrer derzeitigen Rolle als „Kranke", von der alle immer erwarteten, dass sie sich ausruhe und nichts tat. Sie fand das ganz schrecklich und sagte auch, dass Langeweile für sie etwas Bedrohliches hätte, da sie dadurch im Zweifel Zeit habe, sich Gedanken um ihren Zustand zu machen und sich darin zu verlieren.

Damit hat sie meine Perspektive um einen sehr soziologischen Punkt erweitert: Kranksein ist nicht einfach ein physiologischer Zustand, sondern immer auch verbunden mit bestimmten gesellschaftlichen Erwartungen. Dabei geht es nicht so sehr darum, was die erkrankte Person braucht, um zu genesen oder Beschwerden zu lindern, sondern um ihre Rolle im gesellschaftlichen Gesamtgefüge. Im *Kurzlehrbuch für medizinische Psychologie und Soziologie,* einem Standardwerk in der medizinischen Ausbildung, steht dazu in Anlehnung an den bekannten Soziologen Talcott Parsons: „Nach Parsons handelt es sich beim Kranksein um von der Norm abweichendes Verhalten, das Kosten für die Gesellschaft verursacht, die so gering wie möglich gehalten werden müssen. Hierzu muss auch der Patient beitragen, indem er sich bemüht, die Norm wiederherzustellen und seine Rolle und Funktion in der Gesellschaft wieder einzunehmen."[131]

Krankheit so radikal funktionalistisch aus einer kapitalistischen Vogelperspektive zu betrachten, ist für mich zunächst einmal ziemlich befremdlich. Auf individueller Ebene wird es der Sache natürlich auch überhaupt nicht gerecht. Für erkrankte Menschen und ihre Angehörigen ist das keine Kosten-Nutzen-Abwägung. Gesamtgesellschaftlich betrachtet ist jedoch nicht von der Hand zu weisen, dass unser Gesundheitssystem auf dieser kapitalistischen Logik gründet. Nicht so direkt, dass es Ärzt*innen ausschließlich ums Geld gehen und sie günstige Behandlungsmöglichkeiten unterschlagen würden. Ein Großteil des medizinischen

Personals hat den Beruf bestimmt nicht aus rein monetären Gründen gewählt. Der Kapitalismus schleicht sich eher indirekt ein, indem ein Krankenhaus etwa schlussendlich schwarze Zahlen schreiben soll. Einnahmen und Ausgaben müssen in Balance bleiben, damit das System funktioniert.

Es gibt also nicht nur ein persönliches, sondern auch ein anders gelagertes gesellschaftliches Interesse daran, dass Menschen genesen. Dafür werden Erkrankte von ihren sozialen Rollen als Arbeitnehmer*innen oder Schüler*innen freigestellt. Was in der Rolle des*der Kranken bleibt, ist die Aufgabe zu genesen. Unser Bild von Genesung ist dabei ziemlich eindimensional. Wie meine Freundin beschreibt, ist es quasi gleichbedeutend mit „sich ausruhen", am besten zu Hause im Bett. Vielleicht kann man noch langsam spazieren gehen, aber das war es dann auch schon mit den normkonformen Aktivitäten für kranke Menschen. Auf gar keinen Fall soll man in dieser Zeit gesundheitsschädliche Dinge tun, wie zum Beispiel rauchen oder Alkohol trinken. Rauchende Menschen mit Lungenkrebs sind quasi das Symbol für fehlendes Bemühen. Auch wenn das Rauchen genau genommen selbst eine Sucht*erkrankung* ist, löst ein derartiges Verhalten bei vielen Menschen einen Widerwillen aus, gesellschaftliche Ressourcen für Behandlung und Genesung einzusetzen. Eigenverantwortung durchzieht als neoliberale Regierungstechnik unsere Einstellungen, auch in Bezug auf Gesundheit und Krankheit. Und auch jenseits klassischer gesundheitsschädlicher Verhaltensweisen passen viele schöne und heilsame Dinge wie Tanzen, Lachen, Singen, Konzertbesuche oder Sport nicht in das stereotype Bild des Krankseins. Nur wenn Menschen auch auf die schönen Dinge im Leben verzichten, sind wir gesellschaftlich bereit, sie von der Arbeit freizustellen. Deshalb vermeiden es Menschen mit Krankenschein meist, fröhlich im Café zu sitzen und dabei vielleicht von Arbeitskolleg*innen gesehen zu werden. Denn das würde gleich den Verdacht aufwerfen, man sei gar nicht ernsthaft krank, sondern würde „krankfeiern". Umgekehrt ist das Nachgehen der Erwerbsarbeit trotz Krankheit Ausdruck besonderer Loyalität und Stärke, obwohl das der Genesung oft mehr schadet, als im Sonnenschein einen Cappuccino zu trinken.

Nun ist natürlich gut, dass wir kranken Menschen den Raum zugestehen, nichts machen zu müssen und sich einfach ins Bett zu legen. Jedenfalls sofern sie über so viel Unterstützung verfügen, dass sie das auch wirklich tun können, und nicht weiterhin für sich selbst (und/oder für andere) sorgen müssen. Besonders bei akuten Krankheiten wie einem grippalen Infekt ist uns auszuruhen wahrscheinlich wirklich das Beste, was wir für unsere Gesundheit tun können. Bei einigen chronischen körperlichen wie psychischen Erkrankungen braucht es aber etwas anderes zur Heilung. Meiner Meinung nach ergibt es wenig Sinn, Menschen komplett auf ihr Kranksein zu reduzieren und von ihnen zu erwarten, sich den ganzen Tag auszuruhen. Es ist wenig hilfreich, die Rolle des*der Kranken dauerhaft als allumfassend zu begreifen. Sie muss weiter gedacht werden, als eine andere Rolle neben denen als Elternteil, Freund*in, Partner*in, Musiker*in, Sportler*in und vielleicht auch Arbeitnehmer*in. Um gesund zu werden oder, falls das gar nicht möglich ist, einen guten Umgang mit der Krankheit zu finden, ist es wichtig, weiterhin Dinge zu tun, die glücklich und froh machen. Den ganzen Tag über nichts zu tun, kann, wie bei meiner Freundin, kontraproduktiv sein und zu Gedankenkreisen und Langeweile führen.

Unsere gesellschaftliche Aufgabe ist es, Menschen mit chronischen Erkrankungen die Teilhabe so gut es geht zu ermöglichen. Langeweile kommt nicht unbedingt von den Einschränkungen der Krankheit selbst, sondern davon, dass Angebote und Möglichkeiten zur Zeitgestaltung häufig nicht zu den Bedürfnissen kranker Menschen passen. Meine Freundin hatte da ziemliches Glück, denn ihr Chef hat ihr eine Stelle im Umfang von zehn Stunden geschaffen. Vollzeit ist für sie nicht möglich, eine flexibel einteilbare Teilzeit mit geringem Stundenumfang aber schon. Für eine andere chronisch erkrankte Freundin war das Home-Office die Rettung, um weiterhin als Wissenschaftlerin arbeiten und ihre Dissertation abschließen zu können. Die Anschaffung eines E-Scooters gab ihr außerdem die Freiheit zurück, mit mir in der Kneipe ein Bier trinken zu gehen. Beides zusammen hält ihre krankheitsbedingte Langeweile gut in Schach. Da das aber leider eher konträr zu unserem gesellschaftlichen Bild von Krankheit steht, wird eine Krankenkasse so etwas wohl kaum finanzieren. Eine derart selbstbestimmte Alltags- und Freizeitgestaltung bleibt damit ein Privileg der oberen Klassen, da sich viele kranke Menschen nicht mal so eben einen E-Scooter kaufen können. Ganz besonders, wenn es ihnen nicht möglich ist, einer Erwerbstätigkeit nachzugehen.

Auch für Menschen mit Behinderung ist Langeweile nicht zwangsläufig die Folge der Behinderung selbst, sondern eine Konsequenz mangelnder Barrierefreiheit. Sind Menschen für ihre Freizeitgestaltung auf andere angewiesen, wird die Freizeit zudem manchmal über die Köpfe der Betroffenen hinweg geplant. Der Sonderpädagoge Reinhard Markowetz weist auf die besondere Langeweile erzeugende Benachteiligung von Menschen mit geistiger oder schwerer Behinderung hin: „Insbesondere kognitiv nicht beeinträchtigte Menschen sind trotz ihrer Behinderung genauso kompetente Akteure ihrer Freizeitgestaltung wie die Mehrheit der nicht behinderten Menschen. Menschen mit geistiger und schwer mehrfacher Behinderung hingegen scheinen um ein Vielfaches mehr benachteiligt.

[...] Die Freizeitsituation entspricht in vielen Fällen nicht den persönlichen Wünschen geistig behinderter Menschen. Viele durchaus angemessene und dem Zeitgeist entsprechende Hobbys und Freizeitgestaltungsmöglichkeiten bleiben Träume für sie. [...] Vorwiegend werden passiv-rezeptive Freizeittätigkeiten zu Hause und weniger gesellige, offene Aktivitäten mit Außenkontakten ausgeübt, die dann bisweilen mit Langeweile einhergehen und als wenig sinnerfüllt erlebt werden."[132]

Auch hier sind es stereotype Rollenerwartungen darüber, was Menschen mit Behinderung so wollen und brauchen, die Langeweile erzeugen. Vielleicht ist es auch schlicht Bequemlichkeit, und Langeweile wird im Vergleich zu anderen, etwa körperlichen Belangen, nicht ernstgenommen. Dazu kommt dann noch die unterkomplexe Gleichung, dass Beschäftigung (egal welche) allein ausreiche, um Langeweile zu bewältigen. Das funktioniert nur leider nicht, wenn die Beschäftigung nicht als sinnvoll wahrgenommen wird und/oder nicht zu den Fähigkeiten und Interessen einer Person passt. Für behinderte und kranke Menschen gilt das genauso wie für gesunde und nicht-behinderte Menschen auch.

7.

Langeweile in der privilegierten Welt: Warum sich auch Rechtsanwält*innen langweilen

Marginalisierung ist eine wichtige und unterschätzte Ursache von Langeweile, die wir mehr in den Vordergrund rücken sollten, um alle Menschen dabei zu unterstützen, aus chronischer Langeweile herauszufinden. Das bedeutet nicht, dass sämtliche Menschen, die in irgendeiner Form von Marginalisierung betroffen sind, ständig gelangweilt wären oder privilegierte Menschen niemals. Eine eindimensionale Sichtweise wird der Sache nicht gerecht. Grund genug, weiter mit gängigen Vorurteilen über gelangweilte Menschen aufzuräumen und einen Blick auf die Ursachen von Langeweile in den mittleren bis oberen sozialen Klassen zu werfen.

Fangen wir zunächst bei unseren eigenen Vorurteilen an, um sie dann auf den Kopf zu stellen: Bei der Aufgabe, drei langweilige Jobs aufzulisten, denken die meisten von uns wahrscheinlich an solche aus dem Niedriglohnsektor. Fließbandarbeit vielleicht? Oder Pförtnerei? LKW fahren? Putzen? Verwaltungsbeamt*innen sind im Ranking meist auch sehr weit vorn, wenn ich diese Frage den Studierenden in einem Seminar stelle. Was viele dieser Jobs auf den ersten Blick langweilig erscheinen lässt, ist die Monotonie. Eine ganze Reihe von Studien belegt, dass je monotoner eine Tätigkeit ist, desto eher kann Langeweile entstehen.[133] Unser Gehirn ist für Abwechslung gemacht. Kriegt es die nicht, werden wir müde, unaufmerksam und eben auch gelangweilt. In diesem Sinne sind monotone Jobs in der Tat teilweise für die soziostrukturell ungleich verteilte Langeweile verantwortlich. Menschen in den unteren sozialen Klassen sind häufiger gelangweilt, weil die meisten monotonen Jobs einen geringen Bildungsabschluss voraussetzen, wenig Prestige haben und im Niedriglohnsektor zu verorten sind.

Allerdings sind Tätigkeiten nie rein objektiv langweilig – es ist immer eine Frage der Passung zwischen Person und Umgebung. Was für die eine Person langweilig ist, ist für die andere beglückend. Klingt trivial, hat sich als Erkenntnis in der Langeweileforschung aber erst relativ spät durchgesetzt. Besonders wegweisend dafür war eine Studie der Arbeitsforscherin Cynthia Fisher.[134] Sie hat Soldat*innen an einem Militärstützpunkt interviewt. Während einige ihre monotonen Tätigkeiten (Bewachung und Beobachtung) als sehr langweilig empfunden haben, hatten andere überhaupt keine Langeweile dabei. Fisher schloss daraus, dass die Tätigkeit nicht allein für Langeweile verantwortlich ist. Inzwischen wird daher in der organisationalen Langeweileforschung nicht nur auf externe Umweltfaktoren geschaut, sondern im Sinne des Passungsprinzips auch berücksichtigt, was eine Person mitbringt: Ist sie eher introvertiert oder extrovertiert? Mag sie Action oder Ruhe? Möchte sie kreativ arbeiten oder lieber Aufgaben ausführen? Mag sie feste Strukturen oder werden diese als beengend wahrgenommen? All das muss zur Situation passen, um Langeweile zu verhindern. Schade ist natürlich, dass es meist nicht die individuellen Fähigkeiten einer Person sind, die über ihre berufliche Position entscheiden, sondern ihre soziale Herkunft. So wird eine gute Passung häufig verhindert.

Neben der persönlichen Passung ist auch das Drumherum wichtig. Es gibt dazu eine ethnografische Studie mit dem schönen Titel *Banana Time*.[135] Darin untersucht der Soziologe Donald F. Roy den Zusammenhang zwischen Arbeitszufriedenheit und informeller Interaktion in einer Fabrik. Überraschenderweise beschreibt er den Arbeitsalltag der Fließbandarbeiter*innen keinesfalls als monoton. Frei aus dem Englischen übersetzt kommentierte ein Arbeiter den Alltag folgendermaßen: „Wir haben eine Menge Spaß und quatschen die ganze Zeit." Sich der monotonen fachlichen Tätigkeit jedoch durchaus bewusst ergänzt er: „Ohne Unterhaltung und Späßchen wird man verrückt." Um mit der Fließbandmonotonie zurechtzukommen und Langeweile zu verhindern, denken sich die Arbeiter*innen Spiele aus, die sie unterhalten und die Gruppenbeziehungen stärken. Der Titel der Studie *Banana Time* leitet sich von einem besonders beliebten Spiel ab: Täglich wird zu einer bestimmten Pausenzeit versucht, eine Banane aus der Lunchbox der Kolleg*innen zu stehlen und selbst zu essen. Ein vorhersehbares Spiel, das dennoch jeden Tag aufs Neue für Abwechslung und Spaß sorgt.

Dass Langeweile nicht unbedingt Bestandteil von Fließbandarbeit sein muss, hat mir kürzlich auch eine Freundin erzählt, die letzten Sommer am Fließband Waren verpackt hat. Nicht wenige Arbeitnehmer*innen dort hatten einen Uni-Abschluss. Man sollte meinen, da wären eine schlechte Passung, Unterforderung und Langeweile vorprogrammiert. Dem war aber nicht so. Zwar gab es dort, soweit ich weiß, keine Spiele, dafür aber einen fast schon meditativen Flow. Mit der passenden Musik oder einem Hörbuch auf den Ohren haben sich die Fließbandarbeiter*innen in ihre eigene Welt zurückgezogen und in der Tätigkeit eine Entspannung gefunden, von der manche*r Büroarbeiter*in wahrscheinlich nicht einmal zu träumen wagt.

Das läuft am Fließband bei Weitem nicht immer so. Ich möchte derlei monotone Tätigkeiten nicht romantisieren. Nicht überall sind die Arbeitgeber*innen so wohlwollend, dass Spielchen und Musik erlaubt sind. Bei vielen Organisationen wird das Wohl der Mitarbeiter*innen wahrscheinlich sehr viel weniger priorisiert, stattdessen ist eng getakteter Akkord die Arbeitsrealität. So häufen sich beispielsweise die Medienberichte über die schlechten Arbeitsbedingungen und die permanente Überwachung beim Online-Versandhandel Amazon. Ein Mitarbeiter berichtet dazu in einem Artikel der *taz*: „Die Manager kommen dauernd zu dir [...] Sie zeigen dir deine Arbeitsleistung als Graph auf einem Laptop und sagen: ‚Du bist schnell, das ist gut. Aber du musst noch schneller werden'. Der Druck ist immens."[136] Stress durch die Überforderung und Langeweile durch die komplett fehlende Selbstbestimmung sind da quasi vorprogrammiert. Und im Grunde sind die hier so positiv beschriebenen Fälle schlicht erfolgreiche Bewältigungsstrategien, um mit einer ansonsten schnell langweilenden Situation umzugehen. Für die Fließbandkolleg*innen meiner Freundin hat das besonders gut funktioniert, weil viele ihr Bedürfnis nach Selbstverwirklichung und Kreativität in der Freizeit ausgelebt haben. Arbeit als Einkommensquelle und entspannender Ausgleich zur fordernden Freizeit quasi. Die Menschen in Roys Studie scheinen zudem ein besonders gutes kollegiales Verhältnis zu haben. Wie repräsentativ das ist, kann ich nicht sagen.

Der Punkt ist, dass wir vorsichtig sein sollten, bestimmte Tätigkeiten per se als langweilig zu bezeichnen. Wenn wir genau hinschauen, können wir von der Fließbandarbeit einiges über den erfolgreichen Umgang mit Langeweile lernen – und zwar wie wichtig ihre Enttabuisierung ist. Sowohl die von Roy beschriebenen Spiele als auch der meditative Flow sind nur möglich, weil Langeweile am Fließband kein Tabu ist. Es ist allen klar, dass die Aufgabe an sich monoton ist. Dieses Eingeständnis eröffnet Möglichkeiten, der Langeweile zu begegnen. Ablenkung ist in einem gewissen Rahmen okay oder sogar gewünscht. Niemand muss so tun, als würde sie*er hochkonzentriert einer fordernden Tätigkeit nachgehen; es reicht, die Handgriffe automatisiert auszuführen.

Büroangestellte und Wissensarbeiter*innen dürfen in der Regel nicht quatschen, spielen oder Hörbücher hören; jedenfalls nicht so offensichtlich. Spielchen gibt es natürlich auch hier, aber meist im Verborgenen. Im Büro, gut verschanzt hinter dem Bildschirm, ist es viel weniger ersichtlich, was Menschen tun oder auch nicht. Haben sie viel Arbeit?

Sind sie gerade konzentriert? Oder spielen sie heimlich Solitär? Die meisten erhalten die Fassade der fleißigen Arbeit aufrecht. Einen offenen Umgang mit Langeweile in Form von Spaß und Blödelei als Bestandteil der Arbeit gibt es hier wahrscheinlich seltener. Jedenfalls habe ich das so noch nie erlebt und dafür häufig schon Arbeiter*innen in der Werkstatt um ihre Arbeitskultur beneidet: Weniger nach außen gerichtete Fassade; mehr tun, was zu tun ist und offensichtliches Nichtstun, wenn eben gerade nichts zu tun ist. Ich erinnere mich noch sehr gut, wie ich während meiner Ausbildung zur Industriekauffrau oft gedacht habe, dass der Mangel an Arbeit so viel leichter auszuhalten gewesen wäre, hätte ich einfach ein Buch lesen können. Wie oft habe ich unseren Pförtner beneidet, der bei der Arbeit ganz offensichtlich in einer Zeitschrift geblättert oder sogar ferngesehen hat! Schranke hoch, Schranke runter, und weiter geht's mit dem Film. Ich hingegen musste so tun, als wäre ich beschäftigt, auch wenn das nicht der Fall war. Offensichtlich nichts zu tun zu haben, wird im Büro nicht gern gesehen. Ein Freund von mir hat dieses Problem einige Jahre später gelöst, indem er E-Books auf dem Arbeitscomputer gelesen hat. Sah dann so aus, als würde er arbeiten. Richtig angenehm war das aber nicht, weil er immer mit einem Auge wachsam bleiben musste, damit es niemand bemerkt. Für mich hat der E-Mail-Austausch mit einem Azubi-Kollegen aus einem anderen Betrieb diesen Zweck erfüllt. Immerhin gab es hier das ein oder andere Spiel oder Rätsel. Nur das Lachen beim Lesen musste ich unterdrücken. Kein Wunder, dass diese Atmosphäre Menschen ins Boreout treibt. Das ist nämlich laut Philippe Rothlin und Peter R. Werder, die diesen Begriff geprägt haben, kein Phänomen der (physischen) Arbeiter*innen, sondern der Büroangestellten.[137]

Wer nun denkt, dass sich Monotonie und Langeweile nur auf den unteren Hierarchieebenen im Büro abspielen, liegt falsch. Wie verbreitet und wenig zielführend die Tabuisierung von Langeweile auch auf den oberen Stufen der Karriereleiter ist, zeigt eine ethnographische Studie von Costas und Kärreman in einer Unternehmensberatung.[138] Ursprünglich wollten sie etwas ganz anderes untersuchen, stießen überraschenderweise jedoch auf die Langeweile. Überraschend, weil die Branche als besonders kreativ, herausfordernd und glamourös gilt. Es ist nicht leicht, in einer angesehenen Unternehmensberatung unterzukommen. Hier braucht es gute Noten und viel Leistungsbereitschaft. Die Tage sind lang und Schlaf kaum vorhanden (so jedenfalls das Klischee), dafür lockt eine gute Bezahlung. Nichtsdestotrotz auch hier möglich: Langeweile. Die für die Studie befragten Mitarbeiter*innen berichten von endlos erscheinenden Excel-Sheets, wenig Gestaltungsspielraum und standardisierten Problemlösungen. Sie hatten hohe Erwartungen und erlebten Langeweile. Diese beiden Pole in Einklang zu bringen, fiel ihnen schwer. Getreu dem Motto, dass man sich in der Unternehmensberatung nicht langweilen könne, gaben sie sich selbst die Schuld, anstatt ihre Branche in Verantwortung zu nehmen. Ihrer eigenen Erfahrung zum Trotz glaubten sie weiterhin an das glamouröse Bild der Unternehmensberatung und steckten in ihrer Langeweile fest. Sie zu artikulieren oder zu adressieren, fällt in einem so stark idealisierten Kontext schwer. Da haben die Fließbandarbeiter*innen den Unternehmensberater*innen eindeutig etwas voraus.

Das bestätigt auch ein Bekannter von mir, den ich vor einer Weile auf einer Party getroffen habe. In den Jahren, die wir uns zuvor nicht gesehen hatten, ist er Anwalt geworden und arbeitet inzwischen in einer großen Kanzlei. Er hat eine glatte Karriere hingelegt, ist sehr erfolgreich und verdient viel Geld. Ich war nicht überrascht, denn er war schon als Teenager ein strebsamer Schüler mit Bestnoten und kommt außerdem aus einer angesehen Anwaltsfamilie. Überrascht war ich dann aber von seiner Ehrlichkeit, als wir über mein Dissertationsthema redeten. Frei heraus sagte er, dass ich ihn gerne mal über Langeweile interviewen könne. Sein Job sei furchtbar langweilig, auch wenn das niemand offen ausspreche. Auf die Frage, warum er dann nicht etwas anderes mache, redete er davon, seine Familie nicht enttäuschen zu wollen und von all den harten Jahren des Studiums, die nicht umsonst gewesen sein sollen. Er hat so viel Geld auf dem Konto, dass er einen Berufswechsel inklusive Einkommenseinbußen locker wegstecken könnte, und dennoch fällt es ihm schwer.

Auch hier Klassengrenzen – *same same, but different?* Anwalt sein können, aber Automechaniker sein wollen? Nicht Chefärzt*in im Klinikum werden wollen, sondern lieber Teilzeit in einer Praxis arbeiten? Den Job als Unternehmensberater*in aufgeben, um Erzieher*in zu werden? Oder allgemeiner ausgedrückt: Status- und Geldverlust für weniger Langeweile in Kauf nehmen? In der konservativen oberen Klasse, aus der mein Bekannter kommt, stößt das auf wenig Verständnis. Sein Milieu ist stark geprägt von Erfolgs- und Leistungsdenken. Besonders wichtig sind außerdem Traditionen und der familiäre Zusammenhalt. Sich aus diesen ansozialisierten Normen und Wertvorstellungen zu befreien, ist nicht einfach. Und so sitzt er auch noch ein paar Jahre später, bei unseren nächsten Treffen, in seiner Kanzlei und langweilt sich. Das Gefühl scheint für ihn nicht so unangenehm gewesen zu sein wie der Gedanke an Statusverlust. Das Sprengen von Klassengrenzen ist auch in den oberen Schichten schwierig. Nicht selten werden hohe Positionen mit Zufriedenheit und Erfüllung gleichgesetzt. Von dort oben aus ist schwer vorstellbar, dass eine andere Tätigkeit mit weniger Prestige weniger langweilig sein könnte. Es soll immer schneller, weiter und höher gehen. Langsamer zu werden, stehenzubleiben und eine Umorientierung nach unten sind nicht gewünscht. Wenn das alle täten, dann gäbe es zwar vielleicht weniger Langeweile – allerdings zum Preis eines geringeren Bruttoinlandsprodukts. Und wer will das schon?

8.

Langweilen oder sein: Was Langeweile mit Kapitalismus zu tun hat

Langeweile kann echt tricky sein. Nicht nur für marginalisierte Menschen und Rechtsanwält*innen, die lieber etwas anderes machen würden, sondern auch für alle anderen Menschen. Wir würden so gerne etwas Interessantes tun, aber wissen irgendwie nicht so recht was, und selbst wenn wir es wüssten, können wir uns auch gar nicht richtig dazu aufraffen. Von hier aus in einen erfüllten und kreativen Flowzustand zu finden, ist fast unmöglich. Für mich ist es jedenfalls furchtbar schwer, weil die Langeweile häufig anklopft, wenn ich gerade sowieso schon erschöpft bin und mich nicht so gut konzentrieren kann. Zum Glück bietet der Kapitalismus eine einfache Lösung für dieses Problem: Konsum! Diffus ahne ich das schon immer, wenn ich so auf der Couch lag und anfing, im Internet neue Blumen für den Balkon zu bestellen, oder wenn mich die Langeweile in die Buchhandlung trieb, um neue Bücher zu kaufen, anstatt die alten zu lesen. Wann (oder ob) ich die Blumen einpflanze oder die Bücher dann lese, steht auf einem anderen Blatt. Im Grunde geht es mir in dem Moment auch gar nicht darum, das zu tun. Ich möchte mich nicht anstrengen und lesen, ich möchte mich als intellektuellen, lesenden Menschen *fühlen*, und zwar ohne mich anzustrengen; einfach durch das Kaufen. Der Soziologe Hartmut Rosa bringt dieses Phänomen in seiner Resonanztheorie auf den Punkt, wenn er schreibt: „Menschen in den Wohlstandsgesellschaften kaufen Jahr für Jahr mehr Bücher, mehr Tonträger, Tennisschläger und Klaviere, aber sie lesen und hören sie, beobachten und spielen damit und darauf immer weniger."[139] Er sagt, dass dieses Verhalten darauf basiert, dass wir den Kaufakt selbst schon als eine Realisierung der Weltreichweitenerweiterung empfinden. Wir denken, dass wir Resonanz herstellen können, wenn wir über bestimmte Dinge verfügen. In Wirklichkeit ist es aber nicht so einfach. Besitzen und Kontrollieren beschreibt Rosa als stumme Weltbeziehung. Es reicht nicht, durch Waren über die Möglichkeit zu verfügen, Dinge zu tun. Erst durch die entsprechenden Praktiken beginnen die Dinge mit uns zu sprechen, erst dadurch empfinden wir tatsächliche Resonanz.

Diese Erkenntnis hilft schon ein gutes Stück, um im gelangweilten Zustand nicht jeden Mist zu kaufen. Manchmal gelingt es mir, in Situationen erschöpfter Langeweile wirklich zum Buch zu greifen, manchmal gehe ich einfach schlafen, manchmal halte ich es aus und manchmal kaufe ich leider immer noch unwichtigen Mist per Mausklick vom Sofa aus – denn hey, niemand ist perfekt und zu viel Selbstdisziplin macht auf Dauer auch keinen Spaß. Eine Freundin von mir sagt über die Freude am Kaufen gerne, das sei wie eine Droge: Ein schöner kleiner Kick aus Serotonin und Dopamin. Und von Drogen kommt man bekannterweise nicht so schnell weg. Vom Kaufen auch nicht, selbst wenn es nicht direkt Suchtausmaße annimmt.

Im Schnitt lebe ich immer noch ein ganz gutes Mittelmaß aus sinnvoller und weniger sinnvoller Langeweile-Beschäftigung. Jedenfalls empfand ich das so, bis mir das Leben noch eine Schippe draufgelegt hat. Wie gesagt, dass die kapitalistische Langeweile-Bewältigung meinem eigentlichen Bedürfnis nach Erholung, Resonanz oder erfüllter Tätigkeit im Weg steht, hatte ich schon befürchtet. So richtig unter die Nase gerieben wurde mir die schwierige Liaison von Langeweile und Kapitalismus aber erst während meiner Elternzeit. Ich war allein mit meinem Sohn zu Hause. Er war ganz klein, zuckersüß und konnte fast nichts: nicht reden, nicht sitzen, nicht krabbeln, nicht essen und vor allem nicht schlafen. Jedenfalls hat er tagsüber immer nur halbstündige Naps gemacht (von der Nacht reden wir besser gar nicht erst) und auch das nicht in seinem Bett, sondern nur in der Babytrage vor meinem Bauch. Andere Eltern hatten mir vorab erzählt, dass die ersten Wochen und Monate entspannt sind, weil die Kleinen ja die meiste Zeit schlafen würden. Das war in unserem Fall einfach nicht wahr. Ich hatte also ein kleines Baby, das mich die ganze Zeit brauchte, und außerdem fünf Tage die Woche, die ich von 8 bis 18 Uhr alleine füllen musste, während mein Partner arbeitete. Erschwerend kam hinzu, dass ich erst ein paar Monate zuvor in eine neue Stadt gezogen war und es wegen Corona kaum Eltern-Kind-Bespaßungsangebote gab. Es war eine Extremsituation, und die Langeweile erreichte an manchen Tagen eine neue Dimension. Zwar ging ich viel spazieren und traf mich mit einer Handvoll neuen Bekannten, die mich ganz wundervoll mit Mittagessen oder Käffchen unterstützten, aber wenn ich ganz ehrlich bin, dann strukturierte ich meinen Tag häufig durch das Kaufen von Dingen. Ich war froh, wenn ich neue Windeln und Feuchttücher in der Drogerie besorgen musste. Ich lief eine halbe Stunde hin und eine halbe Stunde zurück. Mit der Zeit, die ich im Laden verbrachte, konnte ich so mindestens anderthalb Stunden Zeit totschlagen. In einer Welt, in der immer wieder betont wird, wie kostbar Zeit doch ist, war ich einfach nur froh, wenn sie verstrich. Und nicht nur das! Ich fühlte mich gut, weil ich produktiv gewesen war: Nicht nur den ganzen Tag zu Hause gesessen oder Spaziergänge gemacht, nein, trotz Schlafmangel und Erschöpfung einen Punkt von der To-do-Liste abgearbeitet.

Ganz ähnliche Strategien, mit der Elternzeit umzugehen, habe ich auch in den bereits erwähnten Onlineforen gelesen, die ich im Rahmen einer qualitativen Studie über mütterliche Langeweile ausgewertet habe. Eine Mutter schreibt da beispielsweise über das Nähen: „Weil meine Tochter so fleißig wächst, gibt es da immer etwas zu tun. Und auch das Aussuchen im örtlichen Stoffladen macht mir Spaß und *kostet Zeit*. Das erledige ich deshalb zu Fuß." Da haben wir es wieder: Spaß durch den Kaufakt und das Totschlagen von Zeit, indem der Weg dahin bewusst verlängert wird. Allerdings ist etwas zu tun zu haben eben nicht das Gleiche wie zu genießen, was man tut. Häufig ist es einfach eine Minimierung der Langeweile statt einer Maximierung von Befriedigung. Der Soziologe Doehlemann schreibt dazu in seinem Buch über Langeweile: „Aus eigenem Willen in der Freizeit immer aktiv sein: Das ist ein allgemein akzeptiertes Leitbild in den westlichen Konsumgesellschaften. Des Drucks der berufsalltäglichen Fremdbestimmung zeitweise ledig, kann der freizeitaktive Mensch sich dynamisch und gesund fühlen und mit Anerkennung rechnen. [...] Mit dem Aktivsein verbinden sich vor allem Vorstellungen von Geschäftigsein, Energie, Zweckverfolgung, Bewältigung, Erledigung und Zeitersparnis [...] In all den Rührigkeiten und Unternehmungen steckt freilich oft eine Menge Passivität."[140]

Um diesen Gedanken zu verstehen, müssen wir uns erst einmal bewusst klarmachen, dass erfüllte Zeit nicht zwangsläufig abwechslungs- oder ereignisreich sein muss. Das klingt so banal, dass es ein Wandtattoo sein könnte, doch es steckt viel Wahres darin. Mir scheint: Viele Menschen in der kapitalistischen Gesellschaft haben ständige Beschäftigung und Erledigungen so sehr als Quelle von Sinn und Zufriedenheit verinnerlicht, dass sie gar nicht mehr fühlen können, dass auch das Nichtstun, Entspannung und vermeintliche Unproduktivität schön und wichtig sind.

In meiner anderen Studie über Langeweile in der Covid-19-Quarantäne[141] gab es eine Gruppe von Menschen, die ihre Quarantäne als sehr positiv erlebten (also keine Langeweile hatten), weil sie endlich mehr Zeit hatten. Eingespannt im Hamsterrad beruflicher und familiärer Verpflichtungen war Zeit für sie ein ziemlich knappes Gut, und als ihr Leben dann zwei Wochen lang still stand, waren sie froh über diesen Zeit*gewinn*. Sie haben sich aber nicht einfach ausgeruht, sondern angefangen, ihre Wohnung zu renovieren und den Keller zu entrümpeln – damit sie das dann in Zukunft nicht an ihren kostbaren Wochenenden machen mussten. Ich kann das gut verstehen und muss mich wohl selbst als Teil dieser Gruppe verstehen. Statt mich in so einer Situation erst einmal zu entspannen, räume ich meist auf. Es ist ein verdammt gutes Gefühl, endlich mal den ganzen Kram zu erledigen, der schon seit Ewigkeiten darauf wartet. Irgendwann muss das alles schließlich gemacht werden, schon klar. Aber es lohnt sich dennoch, kurz innezuhalten und die kapitalistische Logik dahinter anzuschauen: Wir erledigen den nervigen Kram jetzt, weil die Zeit aufgrund ihrer Verfügbarkeit gerade weniger wert zu sein scheint, und sparen sie dadurch für die Zukunft, in der sie gefühlt mehr wert sein wird. Die Befriedigung, die wir aus dem Erledigen ziehen, resultiert nicht aus der Sache selbst, sondern aus der Aussicht auf ein tolles, freies Wochenende irgendwann in der Zukunft, an dem wir nicht renovieren oder erledigen müssen. Der gleiche Mechanismus wie wenn wir uns glücklich fühlen, weil wir gerade eine Gitarre gekauft haben, die wir aber möglicherweise niemals spielen werden. Und: In Wirklichkeit können wir Zeit natürlich nicht sparen und vermehren. Zeit bleibt immer gleich. Es ist eine Illusion, dass Zeit zu einem bestimmten Zeitpunkt mehr wert ist als zu einem anderen. Ob unser Plan aufgeht und wir am besagten Wochenende wirklich den schönen

Familienausflug erleben werden, können wir nicht planen. Zeit lässt sich nicht domestizieren, anlegen und vermehren. All das basiert auf dem alten kapitalistischen Versprechen, dass wir morgen glücklicher sind, wenn wir nur heute hart genug dafür arbeiten.[142] Wer mehr darüber wissen will, warum also auch Zeit politisch ist, der*dem sei das Buch *Alle Zeit: Eine Frage von Macht und Freiheit* ans Herz gelegt. Bücker setzt sich darin ganz aktuell mit genau dem Thema Zeitpolitik auseinander.[143]

Dass die Rechnung des Zeitsparens nicht aufgeht, hat uns außerdem bereits Michael Ende in seinem Kinderroman *Momo* vor Augen geführt. Darin überreden ominöse graue Männer die bislang recht zufriedenen Menschen, ihre Zeit zu sparen und zu verkaufen. Effizienz und Arbeit statt gemütlicher Gespräche und gegenseitiger Fürsorge. Kaum überraschend, macht das Ganze wenig glücklich: „Zwar waren die Zeit-Sparer besser gekleidet als andere. Sie verdienten mehr Geld und konnten auch mehr ausgeben. Aber sie hatten missmutige, müde oder verbitterte Gesichter und unfreundliche Augen."[144] Es ist keine gute Idee, Leerlauf und Langeweile gewohnheitsmäßig dafür zu nutzen, sich ein schöneres Leben in der Zukunft erarbeiten zu wollen. Manchmal kommt morgen nie, und die To-do-Liste wird niemals komplett abgearbeitet sein. *All we have is now* – noch so ein Wandtattoo mit Wahrheitsgehalt. Wenn wir den Impuls, den die Langeweile uns gibt, immer nur dafür nutzen, etwas zu kaufen oder zu erledigen, dann blicken wir am Ende auf ein ganz schön langweiliges Leben zurück. Ja, Langeweile ist ein Anzeichen dafür, dass uns etwas fehlt, aber in den seltensten Fällen ist es der Blumentopf oder die neue Hose. Anders ausgedrückt: Ich werde bestimmt nicht mit 80 Jahren auf mein Leben zurückschauen und denken: „Wow, ich war fünfmal die Woche in der Drogerie, *what a life!*" Jedenfalls nicht, wenn ich mit der Babymütze und Sonnencreme, die ich dort gekauft habe, nicht auch ein paar schöne Sommertage im Park verbracht habe.

Es ist wichtig, sich den Unterschied zwischen dem Kauf der Sonnencreme und dem tatsächlichen In-der-Sonne-Liegen bewusst zu machen: Gefüllte Zeit ist nicht erfüllte Zeit, auch wenn uns die Steigerungslogik des Kapitalismus das gerne glauben lassen möchte. Und in der Tat gibt es auf den ersten Blick wenig Langeweile in einem Leben, dass auf die Maxime Schneller-Höher-Besser ausgerichtet ist, wie schon Erich Fromm angemerkt hat: „Wer einen Stundenplan hat, der morgens um sieben mit dem Radio beginnt und nachts um 12 Uhr endet, so dass keine Minute übrig bleibt, die es zu töten gilt, der hat schlichtweg keine Zeit, sich zu langweilen. Eine solche Routine ist dann alles, was es braucht. Langeweile kommt nur dann auf und wird unerträglich, wenn man Zeit hat."[145]

Diesen Gedanken einmal gewendet, ist Langeweile eine vielleicht zwangsläufige Begleiterscheinung auf dem Weg in ein selbstbestimmtes Leben. So gehören Langeweile und Muße tatsächlich zusammen, auch wenn sie im eigentlichen Sinne zwei völlig unterschiedliche Dinge sind. Aber in dem Moment, in dem ich freie Zeit habe und von Fremdbestimmung entlastet bin, wird es sehr wahrscheinlich Momente geben, in denen ich (noch) nichts mit mir anzufangen weiß. Ganz besonders, wenn ich es nicht gewohnt bin, freie Zeit zu haben. Eine Freundin hat das neulich bei einem Spaziergang sehr gut beschrieben. Eigentlich ist sie eine Person, die ihr Leben nicht so stark auf Arbeit ausgerichtet hat. Sie ist Freiberuflerin und es gibt immer mal wieder Phasen, in denen wenig Aufträge anstehen. In dieser Zeit genießt sie es, in den Tag zu leben, Serien zu schauen, Bücher zu lesen, mit Menschen zu plaudern. Langeweile ist ihr in diesem Modus ziemlich fremd. Vor ein paar Jahren kam es allerdings mal zu einer langen Phase eines extrem hohen Arbeitspensums. Man könnte meinen, dass sie ihren gewohnten Freizeitmodus nach dieser arbeitsreichen Zeit umso mehr genießen konnte. Aber als die Phase endlich vorbei war, wusste sie erstmal gar nichts mit sich anzufangen. Als hätte sie verlernt, sich selbst zu beschäftigen, war sie plötzlich gelangweilt und unzufrieden. Eine andere alleinerziehende Freundin erlebt das ganz ähnlich, wenn sie ein Wochenende ohne ihre Tochter verbringt. Plötzlich keine Fremdbestimmung, aber auch keine Ahnung mehr, wie sie Zeit eigentlich selbstbestimmt füllen kann. Ich persönlich kenne das wiederum aus Urlauben, in denen ich zunächst gar nichts mit mir anzufangen weiß und am liebsten einfach weiter arbeiten würde, um mich diesem Gefühl nicht stellen zu müssen. Eine weitere Kehrseite der arbeitszentrierten Gesellschaft.

Natürlich können wir einfach immer weiter machen, immer weiter arbeiten, funktionieren, erledigen und so niemals spüren, dass es gar nicht so einfach ist, das eigene Leben jenseits externer Zwänge zu gestalten. Vielleicht umgehen wir so sogar die Langeweile zum Preis des Burnouts. Gratulation! Nur erleben wir so eben auch nicht, wie schön es ist, die eigenen Interessen zu entdecken und zu kultivieren. Dafür müssen wir die Langeweile aber in Kauf nehmen und nicht immer sofort das Handy zücken oder die Spülmaschine ausräumen. Ich bin mir sicher, dass ein selbstbestimmtes Leben auch immer eine Frage der Übung ist. Bei mir selbst ist der typische Ablauf während längerer Freizeitphasen, dass ich mich zunächst einmal ziemlich langweile und denke, dass es viel spannender wäre, zu arbeiten. Da ich aber nicht mein ganzes Leben immer nur arbeiten will und weiß, dass mir Pausen guttun, mache ich das nicht. Ich fange dann häufig erst einmal damit an, die kaputte Hose in die Schneiderei zu bringen, alte Babysachen auf eBay zu verschenken und wenigstens so viel Ordnung zu schaffen, dass ich den Boden im Schlafzimmer wiedersehe. Mit der Ordnung in der Wohnung entsteht allmählich auch wieder Ordnung im Kopf. Die Arbeit wird weniger wichtig, die Gedanken werden leiser. Nach und nach finde ich in die Ruhe und kann mich immer besser entspannen. Endlich ist da wieder genügend Konzentration, um einen Roman zu lesen, oder die Lust auf einen Spaziergang im Wald. Ich groove mich ein und gewöhne mich an die wunderbare Langsamkeit des Lebens, in der sich mein Nervensystem endlich erholt. Das ist für mich ein bisschen so, als wäre ich über lange Zeit mit 180 km/h über die Autobahn gerast, sodass sich die 50 km/h innerorts plötzlich anfühlen, als würde ich über die Straße kriechen. Eigentlich ist 50 km/h immer noch ziemlich schnell, aber diese Perspektive ist mir zwischendurch abhandengekommen. Rasen wir immer nur mit 180 km/h über die Autobahn, kommen wir zwar schnell von A nach B, aber sehen ziemlich wenig vom Leben. Uns ab und zu mal wieder im eigenen Tempo zu bewegen, kann viel spannender sein, auch wenn wir in der gleichen Zeit weniger Strecke schaffen.

Um das zu ermöglichen, ist wichtig, Langeweile gesellschaftlich neu zu denken und kritisch zu hinterfragen, was wir als langweilig bezeichnen. Insbesondere die Vorstellung, dass Nichtstun langweilig wäre, muss aufgelöst werden. Erich Fromm weist in diesem Zusammenhang darauf hin, dass Aktivität in Wirklichkeit ein innerer und kein äußerer Zustand ist. „Produktives Tätigsein bezeichnet den Zustand innerer Aktivität, sie muss nicht notwendigerweise mit der Hervorbringung eines künstlerischen oder wissenschaftlichen Werkes bzw. von etwas ‚Nützlichem' verbunden sein. [...] Entfremdete Aktivität im Sinne bloßer Geschäftigkeit ist in Wirklichkeit ‚Passivität', das heißt ‚Unproduktivität'. Hingegen kann Passivität im Sinne von Nichtgeschäftigkeit nicht entfremdete Aktivität sein."[146]

Für Fromm ist produktives Tätigsein ähnlich wie das, was Rosa als Resonanz bezeichnet: Eine lebendige Beziehung zu dem, was ich tue oder was mich umgibt. Eine Art Dialog zwischen mir und den anderen Menschen, Dingen oder Tätigkeiten. Ich bin ein bisschen skeptisch, ob es dafür wirklich den Produktivitätsbegriff braucht. Aber vielleicht hilft es der einen oder anderen Person, Produktivität anders zu denken, um sich ins Weniger-Tun besser hinein entspannen zu können. Im übertragenen Sinn ist dieses Buch daher auch als Plädoyer für die Anerkennung eines „Rechts auf Faulheit" zu verstehen, das Paul Lafargue, Schwiegersohn von Karl Marx, der modernen Arbeitswut gegenüberstellt.[147][148] Ich bin überzeugt: Ein allgemeines Anerkennen von Phasen des ‚Nichtstuns' käme einer Unterbrechung des verinnerlichten permanenten Steigerungszwangs des Kapitalismus gleich und könnte so befördern, dass Langeweile zu sinnstiftender Muße umschlägt.

9.

Das ist nicht langweilig! Plädoyer für eine präzise Sprache

Im letzten Jahr stand eine Freundin, die als Schauspielerin arbeitet, vor der schwierigen Aufgabe, ein kleines Werbevideo über sich selbst zu drehen. Es sollte dazu dienen, sich bei Casting-Agenturen vorzustellen, und in nur ein bis zwei Minuten ein möglichst facettenreiches Bild ihrer Person zu vermitteln. Um bei den Agenturen Eindruck zu hinterlassen, musste das Video (da waren wir uns einig) natürlich besonders witzig, klug und kurzweilig sein, aber trotzdem Tiefe haben. Im besten Fall würde es zudem als authentisch wahrgenommen werden, auch wenn man sich bei solchen Gelegenheiten ja doch nur von der guten Seite zeigt. Schlussendlich ist es ein wirklich schönes Video geworden, insgesamt aber war es eine ziemlich schwere Geburt. Wochenlang zerbrach sich meine Freundin den Kopf darüber, wie sie sich präsentieren soll. Bei einem gemeinsamen Kaffee brach schließlich aus ihr heraus, was sie so blockierte: „Ich will einfach auf gar keinen Fall langweilig sein!", sagte sie. Damit spricht sie wahrscheinlich vielen Menschen aus der Kultur- und Kreativbranche aus der Seele. Prinzipiell hätte sie auch andere Ängste haben können, etwa affektiert, hässlich oder inkompetent zu wirken. Auch das wird einen Beitrag zur Blockade geleistet haben. Es wundert mich aber nicht, dass die Angst davor, langweilig zu sein, an diesem Tag so hervorstach. Das Adjektiv langweilig (gerne auch „laaaangweilig!" gerufen) ist in unserer Gesellschaft eine Abwertung, die fast schon an einer Beleidigung grenzt. In der Kultur- und Kreativbranche, die Langeweile vertreiben und Unterhaltung produzieren soll, umso mehr. In einer Welt, in der Zeit und Aufmerksamkeit stark begrenzt sind, ist die Langeweile nicht gern gesehen und das Adjektiv zu einem Allzweckbegriff der Missbilligung geworden, vor allem bei jungen Menschen, schreibt der Soziologe Peter Conrad dazu.[149]

Etwas oder jemanden als langweilig zu bezeichnen, ist damit ein machtvolles Instrument zur Abwertung bestimmter Praktiken, Produkte oder auch Menschengruppen. Die Historikerin Patricia Meyer Spacks weist in ihrem Buch *Boredom: The Literary History of a State of Mind*[150] darauf hin, dass es ab dem 18. Jahrhundert eine Tendenz gibt, Langeweile Gruppenmitgliedern außerhalb der eigenen Gruppe zuzuschreiben: Im 18. Jahrhundert schreiben Frauen gerne Männern Langeweile zu; im 19. Jahrhundert wiederum schreiben Männern gerne Frauen Langeweile zu. Die Mittelklasse schreibt Langeweile der Aristokratie zu, und die Alten glauben, die Jungen wären gelangweilt, während die Jungen wiederum glauben, die Alten wären es. Offensichtlich machen sich viele Menschen gern interessanter, indem sie andere als langweilig bezeichnen. Das kennen wir ja schon von Karl Lagerfeld und Charles Bukowski.

Genau genommen ist das aber Quatsch, da so ein Urteil mehr über die*den Urteilende*n als über die Verurteilt*en aussagt. Das, was ich als langweilig bezeichne, passt nicht zu meiner eigenen Präferenz, Stimmung, Sehgewohnheit, Konzentrationsfähigkeit oder Aufnahmemöglichkeit. Gut möglich, dass ich beispielsweise Fußball weniger langweilig fände, wenn ich eine ordentliche Fußballsozialisierung mitbekommen hätte. Vielleicht aber auch nicht. Ich weiß nicht genau, was es braucht, um Fußball spannend zu finden. Offensichtlich gibt es aber ziemlich viele Menschen, die das zweifellos tun – ganz besonders in meiner Heimatstadt Dortmund. Objektivität gibt es bei der Langeweile nicht, sie bildet immer den Endpunkt einer subjektiven Interpretation und liegt im Auge der Betrachter*innen. Das Beispiel von der Fließbandarbeit aus dem vorherigen

Kapitel zeigt gut, dass auch Tätigkeiten, von denen viele Menschen denken, sie wären universell langweilig, von manchen Menschen als entspannend empfunden werden können. Gleiches gilt für das stereotype Bild der gelangweilten Hausfrau. Entspricht dieses Bild tatsächlich der Wirklichkeit oder handelt es sich um eine herabwürdigende, patriarchale Deutung von Care-Arbeit, die Lohnarbeit erhöhen soll?

Um herauszufinden, was Zuschreibung und was Wirklichkeit ist, müssen wir mit den jeweiligen Menschen selbst sprechen und bereit sein, die Welt durch ihre Augen zu sehen. Außerdem ist wichtig, dass wir sprachlich präzise mit der Langeweile umgehen. Wenn es nach mir geht, sollten wir zum Beispiel komplett damit aufhören, etwas als langweilig zu bezeichnen, sondern konsequent bei „*Ich finde* das langweilig" oder „*Mir* ist langweilig" bleiben. So lassen wir Raum für andere Meinungen und wirken schiefen Machtverhältnissen entgegen. Denn wenn ich zum Beispiel einen Film schaue und die Person neben mir sagt, dass dieser Film langweilig ist, dann traue ich mich mitunter gar nicht mehr zuzugeben, dass ich ihn bis dahin eigentlich ganz gern geschaut habe. Besonders, wenn ich denke, dass die andere Person mehr Ahnung von Filmen hat als ich oder es aus welchen Gründen auch immer einen Konsens darüber gibt, dass etwas langweilig sei. Das geht natürlich auch andersherum: Als Jugendliche habe ich mich bei Filmen wie *Pulp Fiction, The Royal Tenenbaums* oder *Limits of Control* furchtbar gelangweilt. Gefühlt war ich damit allein, denn um mich herum herrschte Einigkeit: Das ist Kult! Das ist Kunst! Einfach genial. Ich konnte nicht begreifen, was diese Filme den anderen gaben. Auch nach dem vierten Mal *Pulp Fiction* nicht („Den musst du mehrmals sehen, um ihn richtig zu verstehen!"), aber wie sollte ich auch? Ich habe die ganzen Referenzen und Brüche mit gängigen Erwartungen in den Filmen überhaupt nicht gerafft. Mir war nicht einmal klar, dass es Referenzen auf andere Filme und bestimmte Genres gab. In einem Onlineforum schreibt ein Nutzer auf die Frage, was *Pulp Fiction* zu so einem guten Film mache, folgendes: „Pulp Fiction war der erste Streifen, der mal so richtig alle Erwartungshaltungen an coole und gleichzeitig absurde Sprüche, an originelle und dazu noch zeitlich versetzte Handlungen, an Brutalitäten und befriedigender Rache erfüllte, ohne gleichzeitig Tiefgang, Sentimentalitäten oder gar Anspruch mit einzubeziehen – sozusagen das ultimative Ergebnis langjähriger Studien von Fernsehserien, Comics und sämtlicher Action- und Gangsterfilme (Tarantino verbrachte seine Jugend quasi im Kino)."[151]

Ich für meinen Teil habe in meiner Jugend aber keine Comics gelesen und auch keine Action- und Gangsterfilme geschaut. Serien schon, aber am liebsten *Gute Zeiten, Schlechte Zeiten*. Mir hat jegliches Vorwissen gefehlt, um irgendeinen Sinn aus *Pulp Fiction* ziehen zu können. Und die Abwesenheit von Sinn ist nun einmal große Quelle von Langeweile. Das ist keine Frage von Intelligenz (wie ich damals dachte), sondern in diesem Fall eine von gender- und milieuspezifischer Sozialisation.

Also: Lieber ein „Aus folgenden Gründen finde ich das (nicht) langweilig" statt generalisierenden Aussagen wie „Das ist so langweilig!" oder „Das ist überhaupt nicht langweilig!". Natürlich bin aber nicht so blauäugig zu glauben, dass wir ungleiche Machtverhältnisse mit sprachlichen Feinheiten allein ausgleichen könnten. Im Grunde geht es mehr um die Haltung hinter der Sprache und den Tonfall. Nichtsdestotrotz kann präzise Sprache ein guter Reminder sein, um uns die Subjektivität von Langeweile und die dahinter stehende Sozialisation bewusst zu machen. Dann brauchen wir nur noch ein Gegenüber, das nicht gleich angegriffen reagiert, wenn wir etwas langweilig finden, sondern offen nach dem Warum fragt.

10.

Gesellschaftskritik statt Lebensratgeber? Wozu eine Soziologie der Langeweile nützt

Es ist so weit: Wir stehen fast am Ende meiner kleinen Kritik der Langeweile. Im Kern besagt sie, dass Langeweile kein individuelles, sondern ein gesellschaftliches Phänomen ist. Kein selbstverschuldetes Gefühl, sondern die Folge von Normen, Zwängen und Machtverhältnissen. Manchmal auch hervorgerufen durch ein falsches Verständnis davon, was Langeweile ist. Ich hoffe, wir sind uns an diesem Punkt einig, dass Langeweile politisch ist. Ich jedenfalls bin mehr denn je überzeugt, dass es unglaublich wichtig ist, sie nicht nur psychologisch, sondern auch soziologisch zu betrachten. Erst dann wird klar, dass auch so ein vermeintlich unscheinbares Gefühl Ausdruck großer gesellschaftlicher

Zusammenhänge ist; eng verwoben mit sozialen Ungleichheiten und dem kapitalistischen System. Sich der komplexen Liaison zwischen Gesellschaft und Langeweile bewusst zu sein, hilft dabei, verständnisvoll mit der eigenen Langeweile und auch der von anderen Menschen umzugehen. Betrachten wir sie ausschließlich auf individueller Ebene, wird sie schnell zu Unrecht Ausdruck eines persönlichen Versagens. Und so kommen zum Leiden an der Langeweile an sich auch noch Stigma und Schuldgefühle hinzu. Das wiederum führt dazu, dass Menschen noch weniger gerne zugeben, wenn sie gelangweilt sind, und diesen Zustand eher verstecken oder verdrängen. Ein Teufelskreis, der nicht so einfach durch die Lektüre eines Lebensratgebers zu durchbrechen ist. Nicht, dass es darin keine hilfreichen Denkanstöße gäbe – nur blicken Lebensratgeber meist nicht tief genug und tun gern so, als hätten wir wirklich alles im Leben selbst in der Hand. Außerdem richten sie sich meist doch nur an den privilegierten Teil der Welt. Die Wirkmacht sozialer Benachteiligung oder die Tatsache, dass die Überwindung von Langeweile je nach sozialem Status unterschiedlich schwer sein kann, wird da nicht erwähnt. Ein Lebensratgeber hätte dem Schriftsteller N'Sondé vermutlich nicht geholfen, der Langeweile in den französischen Banlieues zu entkommen. Was es gebraucht hätte, wäre eine weniger ausgrenzende Wohnungspolitik und mehr finanzielle Unterstützung gewesen, die nicht nur das Überleben, sondern auch eine gesellschaftliche Teilhabe sichert.

So weit, so klar. Wer gehofft hat, in diesem Buch Hilfe für die eigene Langeweile zu finden, wird sich spätestens jetzt fragen: Aber was genau nützt all dieses Wissen eigentlich? Bedeutet es, dass wir den gesellschaftlichen Strukturen einfach ausgeliefert sind und einen politischen Umsturz brauchen, um Langeweile gesamtgesellschaftlich zu überwinden? Ja und nein. Ich denke schon, dass ein wesentlicher Teil der chronischen Langeweile erst überwunden werden kann, wenn das selbstbestimmte und freie Ausleben der eigenen Interessen kein Privileg einiger weniger mehr ist. Wenn es mehr darum geht, eine gute Passung zwischen individuellen Fähigkeiten und Tätigkeiten zu finden, als um Machterhalt, Statusdenken, stereotype Zuschreibungen und kapitalistische Steigerungslogik. Wenn ich mir anschaue, wie weit wir davon momentan noch entfernt sind, klingt das für mich schon ein bisschen nach Revolution.

Allerdings denke ich auch, dass wir nicht auf den ganz großen systemischen Neuanfang warten sollten, bis wir uns kritisch mit der eigenen Langeweile auseinandersetzen und uns an ihrer Bewältigung probieren. Sie kann schon jetzt ein enormer Antrieb sein, gesellschaftliche Zwänge und Normen zu hinterfragen und nicht länger auf dem Platz zu bleiben, den „die Gesellschaft" angeblich für eine*n vorgesehen hat. Strukturen, Machtverhältnisse und Normen mögen unser Verhalten beeinflussen, unsere Handlungen sind damit aber längst nicht in Stein gemeißelt. Wie der Soziologe Anthony Giddens in seiner Strukturationstheorie meint: Handlung und Struktur stehen immer in Wechselbeziehung zueinander. Struktur erzeugt Handeln, aber umgekehrt erzeugt auch das Handeln wiederum Struktur.[152] Soll heißen: Auch wenn die gegenwärtigen strukturellen Bedingungen in Deutschland es mir als Mutter erst einmal nahelegen, den Großteil der Elternzeit zu übernehmen, muss ich das trotzdem nicht tun. Ich kann entgegen dieses vorgefertigten Weges durchaus ein anderes Modell wählen, wenn ich mich in dieser Situation langweile. Dafür muss ich vielleicht Gehaltseinbußen in Kauf nehmen, weil mein Partner mehr verdient, oder ich muss mir ein paar blöde Kommentare anhören, aber verboten ist das nicht. Je mehr Menschen sich für ein anderes Familienmodell entscheiden (was inzwischen ja auch passiert), desto normaler wird es, und die Struktur zieht irgendwann nach – etwa durch mehr und frühere Betreuungsmöglichkeiten. Demgegenüber kann eine Änderung in der Struktur, wie zum Beispiel die Einführung der Partnermonate (zwei zusätzliche Monate beim Basiselterngeld, wenn beide Elterngeld beantragen), eine Handlungsänderung herbeiführen. Seitdem ist die Inanspruchnahme von Elternzeit unter Vätern kontinuierlich gestiegen. Ob nun ausgehend von der Struktur oder von der Handlung: Schritt für Schritt entsteht so gesellschaftlicher Wandel.

Mit diesem Buch möchte ich Mut machen, die einengenden Normen hinter der Langeweile kritisch zu reflektieren und all denjenigen, die es können, ans Herz legen, sie ein Stückchen aufzubrechen. Es ist kein Naturgesetz, dass Kinder von Rechtsanwält*innen ebenfalls Jura studieren, oder dass Kinder aus Nichtakademiker*innen-Haushalten eine Ausbildung machen. Es ist nicht zwingend das Beste für eine chronisch kranke Person, komplett mit der Arbeit aufzuhören, oder für eine gesunde Person, Vollzeit zu arbeiten, nur weil das in der Branche so üblich ist. Und erst recht sollten wir endlich aufhören zu denken, dass Arbeit, Konsum oder permanente Beschäftigung die ultimative Antwort auf Langeweile wären, sondern auch andere Quellen der Sinnstiftung suchen. Dabei gibt es kein Patentrezept. Ich habe es schon erwähnt: Es kommt darauf an, was eine Person gerne macht und über welche Fähigkeiten und Möglichkeiten sie verfügt. Manchmal geht es auch gar nicht darum, die Langeweile sofort loszuwerden, sondern zunächst darum, sie zu akzeptieren und einen guten Grund zu finden, sie auszuhalten (der Langeweile selbst einen Sinn geben, sozusagen). Denn wenn ich mit meinem mich langweilenden

Job eine fünfköpfige Familie ernähre, dann ist der Broterwerb vielleicht gerade wichtiger als die Langeweile-Bewältigung. Das ist okay. Selbstverwirklichung und persönliches Glück sind nicht immer die wichtigsten Lebensziele. Wer Verantwortung für andere zum Preis der Langeweile übernimmt, kann sehr wohl zufrieden mit sich sein. Wenn ich mir bewusst mache, wofür ich Langeweile aushalte, geht es manchmal auch schon ein Stück besser. Ich will keinesfalls den Mythos verbreiten, wir könnten sie immer überwinden, wenn wir nur wollen. Inzwischen sollte auch klar sein, dass das hier keine Heldinnengeschichte ist, in der ich aus der totalen Langeweile ein ständig erfülltes Leben erschaffen habe. Ich weiß von mir selbst, dass ich ein Mensch bin, der sich tendenziell schnell langweilt (vor allem bei monotonen Aufgaben oder wenn ich erschöpft bin), sich aber glücklicherweise ein ziemlich selbstbestimmtes Leben nach den eigenen Interessen und Erholungsmöglichkeiten aufbauen konnte. Mir ist bewusst, das ist ein großes Privileg: Ich habe einen guten Bildungsabschluss, der es mir ermöglicht, relativ leicht einen anderen Beruf auszuüben; ich habe einen Partner, mit dem ich mir die Care-Arbeit teilen kann und ich bin finanziell in der Lage, mir eine aktive Freizeitgestaltung und gesellschaftliche Partizipation zu leisten. Dafür bin ich sehr dankbar. Wenn ich heute trotzdem hin und wieder gelangweilt bin, während andere Spaß haben (zum Beispiel im Urlaub, bevor ich mich darauf einlassen kann), dann gelingt es mir mittlerweile, das einfach hinzunehmen – im Wissen, dass auch wieder aufregendere Tage kommen, an denen ich mehr Energie habe, mich auf die Situation einzulassen. Alles andere grenzt meiner Meinung nach an toxischer Positivität. Denke ich beispielsweise an meine Studie über Langeweile während der Quarantäne, dann finde ich nicht, dass diejenigen, die während dieser schwierigen Zeit keine Langeweile empfunden haben, es irgendwie besser gemacht hätten als die anderen. Manche der Studienteilnehmer*innen hatten einfach Glück, weil die häuslichen Aktivitäten generell ganz gut zu ihren Interessen oder Lebenssituationen passten. Einige waren dabei natürlich privilegierter in ihrer Wohnsituation als andere. Und viele haben gar nicht erst zugelassen, dass Langeweile aufkommen konnte. Getreu dem Motto „Man muss halt das Beste aus der Situation machen" schmiedeten sie Pläne und füllten die Zeit schnell mit irgendeiner anderen Beschäftigung. Und diejenigen, für die der Wegfall geliebter Aktivitäten außer Haus nicht direkt zu ersetzen war, langweilten sich eben – das ist nur menschlich. Während der pandemischen Ausnahmesituation sowieso, aber auch darüber hinaus.

Mir ist wichtig, nicht an den Versprechen der Glücksmaschinerie mitzuwirken. „Nie wieder Langeweile" ist weder realistisch noch erstrebenswert. Wir müssen begreifen, dass Langeweile sowohl ein schwerwiegendes Problem sein kann als auch normaler Bestandteil des Lebens ist und nicht immer vermieden oder bearbeitet werden muss. Es geht mir um Anregungen für die Bewältigung chronischer Langeweile; nicht darum, ein Leben komplett frei davon zum Ideal zu erheben. Denn so unangenehm sie auch sein mag, sie kann Teil eines produktiven Bewältigungsprozesses sein und vielleicht sogar als Anreiz dienen, politisch aktiv zu werden und sich für notwendige gesellschaftliche Veränderungen einzusetzen. Und nur so bekämpfen wir letztlich die Ursachen, anstatt uns an den Symptomen abzuarbeiten.

11.

Nachweise und Anmerkungen

[1] Ai-Girl, T. (1996). Stress. More Than We Know. *Teaching and Learning*, 17(1), S. 45-56.

[2] Rothlin, P., & Werder, P. R. (2007). *Diagnose Boreout: Warum Unterforderung im Job krank macht.* Redline Wirtschaft.

[3] Finkielsztein, M. (2021). *Boredom and Academic Work.* Routledge, S. 21.

[4] Borelli, G. (2021). Digging Around Heidegger, Benjamin and Lefebvre. Prolegomena to the Philosophical Oriented Social Research on Boredom. *European Journal of Social Theory.*

[5] Borelli, G. (2021). Digging Around Heidegger, Benjamin and Lefebvre. Prolegomena to the Philosophical Oriented Social Research on Boredom. *European Journal of Social Theory.*

[6] Hirschauer, S., Heimerl, B., Hoffmann, A., & Hofmann, P. (2014). *Soziologie der Schwangerschaft.* De Gruyter Oldenbourg.

[7] Hirschauer, S. (1999). Die Praxis der Fremdheit und die Minimierung von Anwesenheit. Eine Fahrstuhlfahrt. *Soziale Welt*, S. 221-245.

[8] Paris, R. (2001). Warten auf Amtsfluren. *Kölner Zeitschrift für Soziologie und Sozialpsychologie*, 53(4), S. 705-733.

[9] Fromm, E. (2005). *Die Pathologie der Normalität.* Ullstein, S. 58.

[10] Britton, A., & Shipley, M. J. (2010). Bored to Death? *International Journal of Epidemiology,* 39(2), S. 370-371.

[11] LePera, N. (2011). Relationships between Boredom Proneness, Mindfulness, Anxiety, Depression, and Substance Use. *The New School Psychology Bulletin,* 8(2), S. 15-25.

[12] Blaszczynski, A., McConaghy, N., & Frankova, A. (1990). Boredom Proneness in Pathological Gambling. *Psychological Reports* 67(5), S. 35-42.

[13] Koball, A. M. et al. (2012). Eating When Bored: Revision of the Emotional Eating Scale with a Focus on Boredom. *Health Psychology* 31(4), S. 521-524.

[14] Kass, S. J. et al. (2001). Watching the Clock. Boredom and Vigilance Performance. *Perceptual and Motor Skills* 92, S. 969-976.

[15] Sommers, J. & Vodanovich S. J. (2000). Boredom Proneness: Its Relationship to Psychological and Physical Health Symptoms. *Journal of Clinical Psychology* 56(1), S.149-155.

[16] LePera, N (2011). Relationships Between Boredom Proneness, Mindfulness, Anxiety, Depression, and Substance Use. *The New School Psychology Bulletin,* 8(2), S. 15-25.

[17] Abdolahi, B., Damirchi G. V. & Ganjeh, H. (2011). Surveying of Job Boredom Proneness Effect on Job Satisfaction and Job Involvement. *Interdisciplinary Journal of Contemporary Research in Business* 3(3), S. 1332-1338.

[18] Watt, J. D. & Vodanovich, S. J. (1999). Boredom Proneness and Psychosocial Development. *The Journal of Psychology* 133(3), S. 303-314.

[19] Ehrenreich, B. (1997). *Blood Rites.* Origins and History of the Passions of War. Metropolitan Books.

[20] Phillips, A. (1994). *On Kissing, Tickling, and Being Bored: Psychoanalytic essays on the unexamined life.* Harvard University Press.

[21] Eastwood, J. D., Frischen, A., Fenske, M. J., & Smilek, D. (2012). The Unengaged Mind: Defining Boredom in Terms of Attention. *Perspectives on Psychological Science,* 7(5), S. 482-495.

[22] Susan S. (1966). One Culture and the New Sensibility. In: Susan S. (Hrsg.): *Against Interpretation. Farrar, Straus and Giroux,* S. 303.

[23] Danckert, J., Hammerschmidt, T., Marty-Dugas, J., & Smilek, D.

(2018). Boredom: Under-Aroused and Restless. *Consciousness and Cognition,* 61, S. 24-37.

[24] Eastwood, J. D., Frischen, A., Fenske, M. J., & Smilek, D. (2012). The Unengaged Mind: Defining Boredom in Terms of Attention. *Perspectives on Psychological Science,* 7(5), S. 482-495.

[25] Watt, J. D. (1991). Effect of Boredom Proneness on Time Perception. *Psychological Reports,* 69(1), S. 323-327.

[26] Van Tilburg, W. A. & Igou, E. R. (2012). On Boredom: Lack of Challenge and Meaning as Distinct Boredom Experiences. *Motivation and Emotion,* 36(2), S. 181-194.

[27] Farnworth, L. (1998). Doing, Being, and Boredom. *Journal of Occupational Science,* 5(3), S. 140-146.

[28] Elpidorou, A. (2018). The Bored Mind is a Guiding Mind: Toward a Regulatory Theory of Boredom. *Phenomenology and the Cognitive Sciences,* 17(3), S. 455-484.

[29] Hill, A. B. & Perkins, R. E. (1985). Towards a Model of Boredom. *British Journal of Psychology,* 76(2), S. 235-240.

[30] Finkielsztein, M. (2021). *Boredom and Academic Work.* Routledge, S. 79 f.

[31] Wolff, W., Radtke, V. C. & Martarelli, C. S. (2022). Same Same but Different – What is Boredom Actually? *Boredom (and Sports): Function, Mechanisms, Consequences.*

[32] Zwiebel, R. (1992). *Der Schlaf des Analytikers. Die Müdigkeitsreaktion in der Gegenübertragung.* Verlag Internationale Psychoanalyse.

[33] Fenichel, O. (1934). Zur Psychologie der Langeweile. *Imago,* 20(3), S. 270-281, S. 275.

[34] Eastwood, J. D., Frischen, A., Fenske, M. J., & Smilek, D. (2012). The Unengaged Mind: Defining Boredom in Terms of Attention. *Perspectives on Psychological Science,* 7(5), S. 482-495.

[35] Fisher, C. D. (1993). Boredom at Work. A Neglected Concept. *Human relations,* 46(3), S. 395-417.

[36] Elpidorou, A. (2018). The Bored Mind is a Guiding Mind: Toward a Regulatory Theory of Boredom. *Phenomenology and the Cognitive Sciences,* 17(3), S. 455-485.

[37] Kierkegaard, S. (1843). *Enten-Eller. Et Livs-Fragment, udgivet af Victor Eremita*. Kjobenhavn. (Either/Or Part I. Tr. Howard V. Hong and Edna H. Hong. Princeton University Press, 1987), S. 285.

[38] Conrad, P. (1997). It's Boring: Notes on the Meanings of Boredom in Everyday Life. *Qualitative Sociology,* 20(4), S. 465-475.

[39] Lepenies, W. (1972). *Melancholie und Gesellschaft*. Suhrkamp Verlag.

[40] Gardiner, M. E. (2012). Henri Lefebvre and the 'Sociology of Boredom'. *Theory, Culture & Society*, 29(2), S. 37-62.

[41] Bellebaum, A. (2013). *Langeweile, Überdruss und Lebenssinn: eine geistesgeschichtliche und kultursoziologische Untersuchung*. Springer Verlag, S. 86 f.

[42] Riescher, G. (2003). „Das Private ist politisch": Die politische Theorie und das Öffentliche und das Private. *FGS–Freiburger GeschlechterStudien*, 9(2), S. 59-77, S. 59.

[43] Smith, D. (2012). *Poets Beyond the Barricade: Rhetoric, Citizenship, and Dissent after 1960*. University of Alabama Press, S.153.

[44] Gümüsay, K. (2020). *Sprache und Sein*. Hanser Berlin.

[45] Kurt, S. (2021). *Radikale Zärtlichkeit. Warum Liebe politisch ist*. HarperCollins.

[46] Palmer, G. & Hagedorn, I. (2022). *Warum Stillen politisch ist*. Magas Verlag.

[47] Nussbaum, M. C. (2016). *Politische Emotionen: Warum Liebe für Gerechtigkeit wichtig ist*. Suhrkamp Verlag.

[48] Siegrist, J. (2006). Sozialer Status und Gesundheit. *DMW-Deutsche Medizinische Wochenschrift,* 131(37), S. 1997.

[49] Van Tilburg, W. A., & Igou, E. R. (2016). Going to Political Extremes in Response to Boredom. *European Journal of Social Psychology*, 46(6), S. 687-699.

[50] Tochilnikova, E. (2020). *Towards a General Theory of Boredom: A Case Study of Anglo and Russian Society*. Routledge.

[51] Nussbaum, M. C. (2016). *Politische Emotionen: Warum Liebe für Gerechtigkeit wichtig ist*. Suhrkamp Verlag, S. 13 f.

[52] Ehrhart, C. & Sandschneider, E. (1994). Politikverdrossenheit: Kritische Anmerkungen zur Empirie, Wahrnehmung und Interpretation abnehmender politischer Partizipation. *Zeitschrift für Parlamentsfragen*, 25(3), S. 441-

458, S. 451.

[53] Adorno, T. (2001). Free Time. In *The Culture Industry. Selected Essays on Mass Culture*. Routledge, S. 237.

[54] Finkielsztein, M. (2022). The Significance of Boredom: A Literature Review. *Journal of Boredom Studies,* (1), S. 1-33.

[55] Elpidorou, A. (2020). Propelled: *How Boredom, Frustration, and Anticipation Lead Us to the Good life*. Oxford University Press.

[56] Schubert, D. (1978). Creativity and Coping with Boredom. *Psychiatric Annals*, 8, S. 120-125.

[57] Hunter, J. A. et al. (2016). Personality and Boredom Proneness in the Prediction of Creativity and Curiosity. *Thinking Skills and Creativity*, 22, S. 48-57.

[58] Schalamon, S. (2021, 21 April). *Psychologe über Langeweile: „Langeweile soll uns motivieren"*. taz. https://taz.de/Psychologe-ueber-Langeweile/!5764210/ (abgerufen am 22.12.2022).

[59] Velasco, J. R. (2022). Boredom in Pandemic Times: It Won't Make Us More Creative (Unfortunately). *Journal of Boredom Studies,* (1), S. 1-7.

[60] Danckert, J. (2021, 1. November). *Demystifying Boredom* [Video]. YouTube. https://www.youtube.com/watch?v=DOaKxbE21Do (abgerufen am 11.11.2022).

[61] Chiari, M. (2013, 20. August). *Australian Baseball Player Christopher Lane Killed by Teenagers in Oklahoma*. https://bleacherreport.com/articles/1744262-australian-baseball-player-christopher-lane-killed-by-teenagers-in-oklahoma (abgerufen am 11.11.2022).

[62] Doppler, S. & Reschke, A. (2000, 24. August). *Mord aus Langeweile - Tatort Neubrandenburg* [Video]. Panorama. https://www.tagesspiegel.de/gesellschaft/panorama/mord-aus-langeweile-15-jahriger-mit-fusstritten-getotet-704386.html (abgerufen am 11.11.2022).

[63] Ohne Autor*in (2008, 24. September). *BusyBored*. UrbanDictionary. https://www.urbandictionary.com/define.php?term=BusyBored (abgerufen am 11.11.2022).

[64] Stangl, W. (2022). *Flow*. Online Lexikon für Psychologie und Pädagogik. https://lexikon.stangl.eu/303/flow (abgerufen am 11.11.2022).

[65] Klapp, O. E. (1986). *Overload and Boredom: Essays on the Quality of Life*

in the Information Society. Greenwood Publishing Group Inc.

[66] Nagoski, E. & Nagoski, A. (2020). *Burnout: The Secret to Unlocking the Stress Cycle*. Ballantine Books.

[67] Bukowski, C. (2013). *Hot Water Music: Storys*. Kiwi Verlag.

[68] Ohne Autor*in (2019, 23. Februar). *Zum Tod von Karl Lagerfeld: „Ich bin mein Anfang und mein Ende"*. Sueddeutsche Zeitung. https://www.sueddeutsche.de/stil/karl-lagerfeld-zitate-stationen-1.4341606#:~:text=%22Langeweile%20ist%20ein%20Verbrechen.,Ein%20Pariser%20Boulevard (abgerufen am 11.11.2022).

[69] Bukowski, C. (1985). *Der Mann mit der Ledertasche: Roman*. Deutscher Taschenbuch Verlag.

[70] Ohne Autor*in (2009, 11. Oktober). *Lagerfeld über Mager-Models: „Runde Frauen will niemand sehen"*. Süddeutsche Zeitung. https://www.sueddeutsche.de/leben/lagerfeld-ueber-mager-models-runde-frauen-will-niemand-sehen-1.27899 (abgerufen am 22.12.2022).

[71] Ohne Autor*in (2019, 19. Februar). *Karl Lagerfeld in Zitaten: „Wer eine Jogginghose trägt, hat die Kontrolle über sein Leben verloren"*. Frankfurter Allgemeine Zeitung. https://www.faz.net/aktuell/stil/mode-design/karl-lagerfeld-die-besten-zitate-des-verstorbenen-modedesigners-16049283.html (abgerufen am 21.12.2022).

[72] Gallegos, J., Gasper, K. & Schermerhorn, N. E. (2022). Bored and Better: Interpersonal Boredom Results in People Feeling Not Only Superior to the Boring Individual, But Also to Others. *Self and Identity*, S. 1-27.

[73] Finkielsztein, M. (2021, 1. Juli). *Boredeom Myths 2: "Intelligent People Never Get Bored" Or Why Intelligent People (Also) Get Bored*. Blog. https://mariuszfinkielsztein.com/2022/07/01/boredom-myths-1-intelligent-people-never-get-bored-or-why-intelligent-people-also-get-bored/ (abgerufen am 11.11.2022).

[74] Fisher, C. D. (1993). Boredom at Work: A Neglected Concept. *Human relations*, 46(3), S. 395-417.

[75] Ohne Autor*in (2017, 12. Januar). *Warum du ein Baby gar nicht verwöhnen kannst*. Brigitte Mom. https://www.brigitte.de/familie/schlau-werden/baby-verwoehnen-warum-man-das-gar-nicht-kann-10887400.html#:~:text=Dann%20erf%C3%BClle%20ihm%20seinen%20Wunsch,Wenn

%20das%20kein%20Anreiz%20ist! (abgerufen am 14.11.2022).

[76] Pannen, A. (2022, 23. September). *„Papa, Mama, mir ist langweilig!"* Der Tagesspiegel. https://psychologie.univie.ac.at/fileadmin/user_upload/f_psychologie/files/Tsp-Langeweile.pdf (abgerufen am 14.11.2022).

[77] Velasco, J. R. (2022). Boredom in Pandemic Times: It Won't Make Us More Creative (Unfortunately). *Journal of Boredom Studies,* (1), S. 1-7.

[78] Dora, J., van Hooff, M., Geurts, S., Kompier, M., & Bijleveld, E. (2021). Fatigue, Boredom and Objectively Measured Smartphone Use at Work. *Royal Society Open Science*, 8(7).

[79] Haynes, Trevor (2018, 1. Mai). Dopamine, Smartphones & You. A Battle for Your Time. *Harvard University Blog*. https://sitn.hms.harvard.edu/flash/2018/dopamine-smartphones-battle-time/ (abgerufen am 22.12.2022).

[80] Klapp, O. E. (1986). *Overload and Boredom: Essays on the Quality of Life in the Information Society*. Greenwood Publishing Group Inc.

[81] Svendsen, L. (2005). *A Philosophy of Boredom*. Reaktion Books, S. 23.

[82] Spacks, P. M. (1995). *Boredom: The Literary History of a State of Mind*. University of Chicago Press.

[83] Evagrius P. (2003) *Eulogios*. Oxford University Press.

[84] Dalle Pezze, B. & Salzani, C. (2009) *Essays on Boredom and Modernity*. Rodopi.

[85] Conrad, P. (1997). It's boring: Notes on the Meanings of Boredom in Everyday Life. *Qualitative Sociology*, 20(4), S. 465-475, S. 466.

[86] Weber, M. (1919). *Wissenschaft als Beruf.* In: derselbe: *Schriften 1894–1922*. Ausgewählt und herausgegeben von Dirk Kaesler. Kröner Stuttgart 2002, S. 474-513, S. 488.

[87] Ohne Autor*in (2021, 5. Oktober). *Was ist Marginalisierung? Definition und Lösungsstrategien.* Civil Liberties Union for Europe. https://www.liberties.eu/de/stories/wa-ist-marginalisierung-definition-und-loesungsstrategien/43767 (abgerufen am 14.11.2022).

[88] Farnworth, L. (1998). *Doing, Being, and Boredom. Journal of Occupational Science*, 5(3), 140-146.

[89] Lepenies, W. (1969). *Melancholie und Gesellschaft*. Suhrkamp Verlag.

[90] Pollak, R. (2018). *Klasse, soziale*. In: Kopp, J., Steinbach, A. (Hrsg.)

Grundbegriffe der Soziologie. Springer VS.

[91] Ehrmann, J. (2017). Lass gehen. *Fluter, 62*. Online verfügbar unter: https://www.fluter.de/radikalisierte-jugendliche-in-frankreich (abgerufen am 22.12.2022).

[92] Elpidorou A. (2022). *Boredom and Poverty: A Theoretical Model*. In: The Moral Psychology of Boredom. Rowman & Littlefield.

[93] Turner, J. H. (2010). The Stratification of Emotions: Some Preliminary Generalizations. *Sociological Inquiry*, 80(2), S. 168-199.

[94] Chin, A., Markey, A., Bhargava, S., Kassam, K.S. & Loewenstein, G. (2017). Bored in the USA: Experience Sampling and Boredom in Everyday Life. *Emotion*, 17(2), S. 359.

[95] Martz, M. E., Schulenberg, J. E., Patrick, M.E. & Kloska, D. D. (2018). "I am so bored!": Prevalence Rates and Sociodemographic and Contextual Correlates of High Boredom among American Adolescents. *Youth & Society*, 50(5), S. 688-710.

[96] Wegner, L., Flisher, A. J., Muller, M. & Lombard, C. (2006). Leisure Boredom and Substance Use Among High School Students in South Africa. *Journal of Leisure Research*, 38(2), S. 249-266.

[97] Seeck, F. (2022). *Zugang verwehrt: Keine Chance in der Klassengesellschaft: wie Klassismus soziale Ungleichheit fördert*. Atrium Verlag AG, S. 5.

[98] Nahrstedt, W. (1981). Lernziel *„Arbeitslosigkeit". Organisierte Langeweile oder Demokratisierung der Gesamtzeit?*. In: Das politische Interesse an der Erziehung und das pädagogische Interesse an der Gesellschaft. Beiträge vom 7. Kongress der Deutschen Gesellschaft für Erziehungswissenschaft vom 17.-19. März 1980 in der Universität Göttingen, S. 107-110, S. 108.

[99] Ebd.

[100] Ebd., S. 109.

[101] Mayr, A. (2020). *Die Elenden*. Hanser Berlin, S. 16.

[102] O'Neill, B. (2014). Cast Aside: Boredom, Downward Mobility, and Homelessness in Post-Communist Bucharest. *Cultural Anthropology*, 29(1), S. 8-31, S.11.

[103] Rudnicka, J. (2022, 24. Januar). *Verteilung der Bevölkerung in Deutschland nach sozialen Lagen im Jahr 2018*. Statista. https://de.statista.com/statistik/

daten/studie/1207353/umfrage/soziale-klassen-in-deutschland/ (abgerufen am 16.11.2022).

[104] Niehues, J. & Orth, A. K. (2018). *Die gespaltene Mitte: Werte, Einstellungen und Sorgen.* Roman Herzog Institut e.V., S. 12.

[105] Ohne Autor*in (2021). *Informationen zu den Sinusmilieus.* Sinus Markt- und Sozialforschung GmbH. https://www.sinus-institut.de/media/pages/sinus-milieus/6191c4121c-1623420390/informationen-zu-den-sinus-milieus.pdf (abgerufen am 16.11.2022), S. 16.

[106] Friedrichs, J. (2021): *Working Class: Warum wir Arbeit brauchen, von der wir leben können.* Berlin Verlag.

[107] Seeck, F. (2022). *Zugang verwehrt: Keine Chance in der Klassengesellschaft: Wie Klassismus soziale Ungleichheit fördert.* Atrium Verlag AG, S. 5 f.

[108] Ohne Autor*in (o.J.). *Was bedeutet LSBTI? Glossar der sexuellen und geschlechtlichen Vielfalt.* Lesben und Schwulenverband (LSVD). https://www.lsvd.de/de/ct/3385-Was-bedeutet-LSBTI-Glossar-der-sexuellen-und-geschlechtlichen-Vielfalt?gclid=Cj0KCQiAsdKbBhDHARIsANJ6-jdR7ZnAsI0B9QJgW-kFj_N1b6zPHhy23C6FZFwRFdFaTdjmEueWufsaAjYBEALw_wcB#geschlechtliche_identitaet (abgerufen am 16.11.2022).

[109] Beantragen beide Elternteile Elternzeit, bekommen sie einen Partnerschaftsbonus von zwei Monaten, d.h. 14 Monate anstatt 12 Monate Elterngeld. Häufig nehmen Mütter dann 12 Monate Elternzeit und Väter 2 Monate. Prinzipiell ist aber jede Kombination möglich (bspw. beide Elternteile je 7 Monate).

[110] Suhr, Frauke (2021, 11. Mai). *Mehr Männer nehmen Elternzeit - zumindest kurz.* Statista. https://de.statista.com/infografik/24835/anteil-der-vaeter-in-deutschland-die-elterngeld-beziehen/ (abgerufen am 17.11.2022).

[111] Kessel, M. (2001). *Langeweile: Zum Umgang mit Zeit und Gefühlen in Deutschland vom späten 18. bis zum frühen 20. Jahrhundert.* Wallstein Verlag, S. 97.

[112] Ebd. S. 100.

[113] Pease, A. (2012). *Modernism, Feminism and the Culture of Boredom.* Cambridge University Press.

[114] Kessel, M. (2001). *Langeweile: Zum Umgang mit Zeit und Gefühlen in Deutschland vom späten 18. bis zum frühen 20. Jahrhundert.* Wallstein Verlag, S. 97.

[115] edb.

[116] Sundberg, N. D., Latkin, C. A., Farmer, R.F. & Saoud, J. (1991). Boredom in Young Adults: Gender and Cultural Comparisons. *Journal of Cross-Cultural Psychology*, 22(2), S.209-223.

[117] Eduard Louis (2016). *Das Ende von Eddie*. Fischer Verlag, S. 97.

[118] Sundberg, N. D., Latkin, C. A., Farmer, R.F. & Saoud, J. (1991). Boredom in Young Adults: Gender and Cultural Comparisons. *Journal of Cross-Cultural Psychology*, 22(2), S. 209-223, S. 216 f.

[119] Ohne Autor*in (2022). *Race*. Glossar der neuen deutschen Medienmacher*innen. https://glossar.neuemedienmacher.de/glossar/race/ (abgerufen am 17.11.2022).

[120] Jaramillo, M. D. (2021, 15. April). *Wie machen wir uns das Leiden rassifizierter Menschen bewusst?* Institut für Auslandsbeziehungen. https://www.ifa.de/blog/beitrag/wie-machen-wir-uns-das-leiden-rassifizierter-menschen-bewusst/ (abgerufen am 21.11.2022).

[121] Eine Migrationsgeschichte zu haben ist nicht zwangsläufig identisch mit Marginalisierung und Rassismuserfahrungen. Allerdings wird statistisch meist nur der Migrationshintergrund erfasst, weshalb er hier als unperfekte, aber dennoch aussagekräftige Kategorie herhalten muss.

[122] Ohne Autor*in (2020, 28. November). *Armutsgefährdungsquoten von Migranten*. Bundeszentrale für politische Bildung. https://www.bpb.de/kurz-knapp/zahlen-und-fakten/soziale-situation-in-deutschland/61788/armutsgefaehrdungsquoten-von-migranten/#:~:text=Im%20Jahr%202019%20war%20das,als%20deutsche%20Personen%20mit%20Migrationshintergrund (abgerufen am 21.11.2022).

[123] Wegner, L., Flisher, A. J., Muller, M. & Lombard, C. (2006). Leisure Boredom and Substance Use Among High School Students in South Africa. *Journal of Leisure Research*, 38(2), S. 249-266.

[124] Watt, J.D. & Vodanovich, S. J. (1992). An Examination of Race and Gender Differences in Boredom Proneness. *Journal of Social Behavior and Personality*, 7(1), S. 169.

[125] Wagner, I. & Finkielsztein, M. (2021). Strategic Boredom: The Experience and Dynamics of Boredom in Refugee Camp. A Mediterranean

Case. *Journal of Contemporary Ethnography*, 50(5), S. 649-682.

[126] Wagner, I. & Finkielsztein, M. (2021). Strategic Boredom: The Experience and Dynamics of Boredom in Refugee Camp. A Mediterranean Case. *Journal of Contemporary Ethnography*, 50(5), S. 649-682, S. 672.

[127] Sila, T. (2017, 30. August). *Alltag jünger Flüchtlinge: Diese erdrosselnde Langeweile.* taz. https://taz.de/Alltag-junger-Fluechtlinge/!5437116/ (abgerufen am 20.12.2022).

[128] Lepenies, W. (1969). *Melancholie und Gesellschaft.* Suhrkamp Verlag.

[129] Ohne Autor*in (2019). Flucht und Sucht: Unsicherheit und Langeweile fördern kritischen Substanzmittelkonsum. *Rausch – Wiener Zeitschrift für Suchttherapie*, 8 (2). Verfügbar unter: https://www.psychologie-aktuell.com/news/aktuelle-news-psychologie/news-lesen/flucht-und-sucht-unsicherheit-und-langeweile-foerdern-kritischen-substanzmittelkonsum.html (abgerufen am 22.12.2022).

[130] Firlinger, B. (2003). *Buch der Begriffe. Sprache Behinderung Integration.* Wien: Ing. Walter Adam Ges. mbH. Verfügbar unter: https://broschuerenservice.sozialministerium.at/Home/Download (abgerufen am 18.11.2022).

[131] Kessler, H. (2021). *Kurzlehrbuch Medizinische Psychologie und Soziologie.* Georg Thieme Verlag. Verfügbar unter: https://viamedici.thieme.de/lernmodul/552525/538797/patientenrolle+%C3%BCberblick (abgerufen am 20.11.2022).

[132] Markowetz, R. (2006). Freizeit und Behinderung. Inklusion durch Freizeitassistenz. *Spektrum Freizeit*, 30(2), S. 54-72.

[133] Thackray, R. I. (1981). The Stress of Boredom and Monotony: A Consideration of the Evidence. *Psychosomatic Medicine,* 43(2), S. 165-176.

[134] Fisher, C. D. (1987). Boredom: *Construct, Causes and Consequences.* Texas A and M University College Station Deparment of Management.

[135] Roy, D. (1959). „ Banana time": Job Satisfaction and Informal Interaction. *Human organization*, 18(4), S. 158-168.

[136] Schipkowski, Katharina (2020, 28. Oktober). *Arbeitsbedingungen bei Amazon. Fatale Überwachung.* taz. https://taz.de/Arbeitsbedingungen-bei-Amazon/!5722884/ (abgerufen am 20.12.2022).

[137] Rothlin, P. & Werder, P. R. (2007). *Diagnose Boreout: warum Unterforde-*

rung im Job krank macht. Redline Wirtschaft.

[138] Costas, J. & Kärreman, D. (2016). The Bored Self in Knowledge Work. *Human Relations*, 69(1), S. 61-83.

[139] Rosa, H. (2016). *Resonanz: Eine Soziologie der Weltbeziehung.* Suhrkamp Verlag, S. 429 f.

[140] Doehlemann, M. (1991). *Langeweile. Deutung eines verbreiteten Phänomens.* Suhrkamp Verlag, S. 109.

[141] Ohlmeier, S., Klingler, C., Schellartz, I. & Pfaff, H. (2022). Having a Break or Being Imprisoned: Influence of Subjective Interpretations of Quarantine and Isolation on Boredom. *International Journal of Environmental Research and Public Health*, 19 (4).

[142] Suckert, L. (2021). The Coronavirus and the Temporal Order of Capitalism: Sociological Observations and the Wisdom of a Children's Book. *The Sociological Review*, 69(6), S. 1162-1178.

[143] Bücker T. (2022). *Alle_Zeit: Eine Frage von Macht und Freiheit.* Ullstein Verlag.

[144] Ende, M. (2017). *Momo.* Thienemann Verlag, S. 71.

[145] Fromm, E. (2005). *Die Pathologie der Normalität.* Ullstein, S. 58.

[146] Fromm, E. (2017). *Haben oder Sein. Die seelischen Grundlagen einer neuen Gesellschaft.* dtv Verlag, S. 114.

[147] Lafargue, P. (2014). *Das Recht auf Faulheit.* Laika-Verlag.

[148] Lessenich, S. (2015, 8. Februar). *Das Recht auf Faulheit ist zeitlos.* derStandard. https://www.derstandard.at/story/2000011378025/soziologe-lessenich-das-recht-auf-faulheit-ist-zeitlos (abgerufen am 30.1.23).

[149] Conrad, P. (1997). It's Boring: Notes on the Meanings of Boredom in Everyday Life. *Qualitative Sociology*, 20(4), S. 465-475, S. 468.

[150] Spacks, P. M. (1995). *Boredom: The Literary History of a State of Mind.* University of Chicago Press.

[151] Ohne Autor*in (2006, 31. Dezember). *Was ist so gut an Pulp Fiction?* Gemeinschaftsforum.com. https://www.gemeinschaftsforum.com/forum/index.php?topic=71959.0 (abgerufen am 21.11.2022).

[152] Giddens, A. (1984). *The Constitution of Society: Outline of the Theory of Structuration.* University of California Press.

12.

Dank

In der Wissenschaft gibt es dieses wunderbare Bild, dass man als Wissenschaftler*in ein Zwerg auf den Schultern von Riesen sei. All die vergleichsweise kleinen neuen Erkenntnisse sind nur möglich, weil andere zuvor bereits das Fundament dafür geschaffen haben. In diesem Sinne gebührt mein Dank in erster Linie all den großartigen Wissenschaftler*innen, die meine Perspektive auf Langeweile geprägt haben. Allen voran danke ich daher den beiden gegenwärtigen Langeweileforschern John D. Eastwood und Andreas Elpidorou, die in meinen ersten Auseinandersetzungen mit dem Thema meine Neugier für die Langeweile geweckt haben. Dass Langeweile zudem auch soziologisch relevant sein kann, haben mir insbesondere die Arbeiten von Peter Conrad, Wolf Lepenies, Alfred Bellebaum, Jana Costas, Martin Doehlemann und Erich Fromm gezeigt. Abseits der Langeweileforschung ist es Eva Illouz, die mir mit ihrer Soziologie der Liebe eindrucksvoll vorgemacht hat, wie spannend und wichtig die Emotionssoziologie sein kann. Mein Denken über Klasse und Klassismus verdanke ich vor allem Pierre Bourdieu. Last but not least ein großes Dankeschön an meine Wissenschaftsfreund*innen und Co-Autor*innen Moritz Czarny, Mariusz Finkielsztein und Corinna Klingler für den tollen kollegialen Austausch zum Thema sowie an meine Dissertationsbetreuer*innen Holger Pfaff und Julia Reuter.

Darüber hinaus danke ich meiner wundervollen Literaturagentin Zoë Martin von der Julia Eichhorn Literaturagentur für ihre außergewöhnlich angenehme wie unaufgeregte Art und besonders für die famose Unterstützung beim Überarbeiten des Exposés. Außerdem ein herzliches Dankeschön an Susann Brückner vom Leykam Verlag für ihre mitreißende Begeisterung und dafür, dass sie daran geglaubt hat, dass ich dieses Buch in einer mir als Wissenschaftlerin absurd kurz vorkommenden Zeitspanne schreiben kann. Dass das Buch trotzdem sprachlich qualitativ hochwertig geworden ist, liegt an meiner tollen Lektor*in

Svenja Gräfen, die mich dankenswerterweise beim Feinschliff des Buches unterstützt hat.

In meinem persönlichen Umfeld bedanke ich mich bei Anja, Patrizia, Taisija und Ellen für das Lesen und Kommentieren der ersten Manuskriptideen. Außerdem bei Ellen, Tine, Sarah, Isa, Judith, Patrizia, Taisija und Anja für das intensive Titelbrainstorming und nochmal bei Ellen für den Hinweis, dass der Titel lediglich kurz genug sein muss, um auf eine Torte zu passen. Und bei Eva natürlich für ihren inspirierenden ‚pep talk' im Saarbrücker Silo. Johannes danke ich dafür, dass er ganz unkritisch einfach alles gut findet, was ich schreibe und mir den Rücken freigehalten hat, wenn es nötig war. Gleiches gilt für meine Eltern, die mich ganz wundervoll mit Kinderbetreuung während der Finalisierung des Buches unterstützt und es mir trotz anfänglicher Skepsis ermöglicht haben, so vermeintlich brotlose Fächer wie Kulturwissenschaften und Soziologie zu studieren. Ein ganz großes Dankeschön darüber hinaus an meine restliche Familie Kerstin, Mike, Luisa, Paul, meinen Sohn Ferdinand und all meine wunderbaren Freund*innen für ihre Liebe und Unterstützung, die mir immer und auch ganz unabhängig vom Buch zuteil wird.

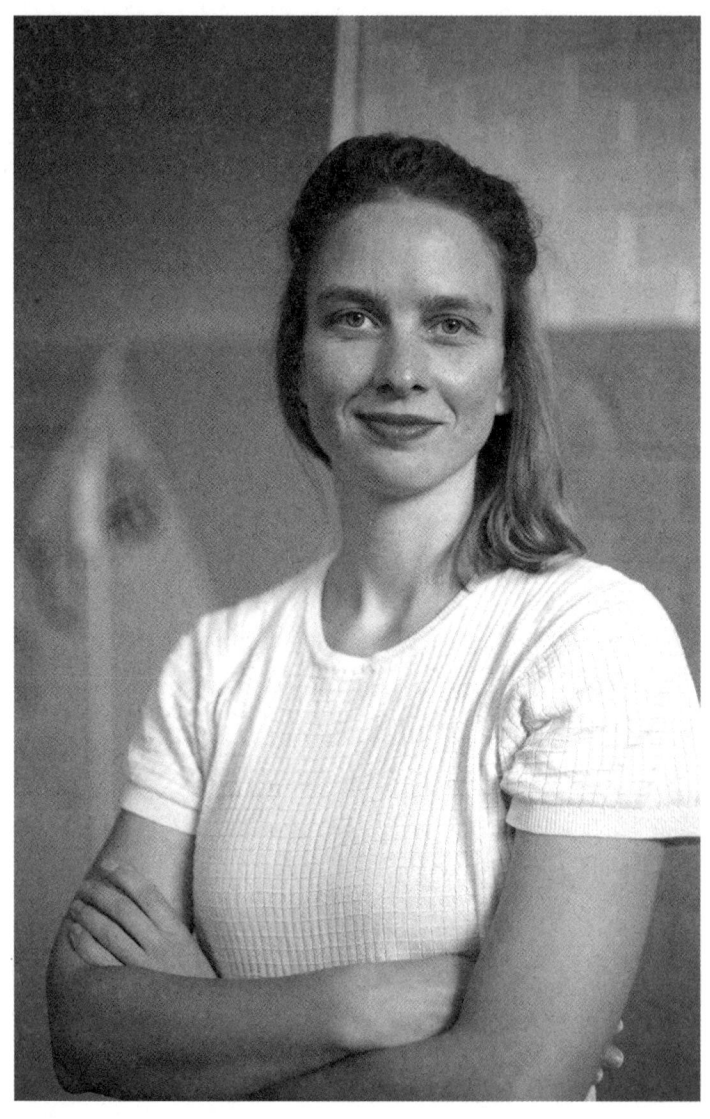
© Privat

Silke Ohlmeier, geboren 1986, hat nach der Schule zunächst eine Ausbildung zur Industriekauffrau in einem Busunternehmen absolviert. Angetrieben von der Erfahrung extremer Langeweile während dieser Zeit wurde sie Soziologin und machte die Langeweile zum Thema ihrer Dissertation. Sie hat bereits drei Fachartikel zum Thema Langeweile veröffentlicht und ist Mitglied der International Society for Boredom Studies. Parallel zu ihrer Promotion arbeitet sie als wissenschaftliche Mitarbeiterin an der Universität des Saarlandes, Saarbrücken. Sie lebt mit ihrer Familie in Hannover.

Sachbuch bei leykam:

Gekommen, um zu bleiben

Wie schafft es Autorin Katja Lewina, so öffentlich und tabulos über Sex zu sprechen? Wie befreit sich Künstlerin Sophia Süßmilch immer wieder von Schamgrenzen? Und wie wurde Politologin Emilia Roig zur Aktivistin gegen Diskriminierung und Ausgrenzung? Welche Hürden mussten sie alle überwinden, was verhalf ihnen zu Selbstbewusstsein? Ein Buch, das Mut macht, nach den eigenen Freiheiten zu suchen und die Welt zu verändern.

192 Seiten | ISBN: 978-3-7011-8235-0 | 22,-

Sachbuch bei leykam:

Was hat Rassismus mit mir zu tun?

»Darf ich deine Haare anfassen?«, »Woher kommst du wirklich?«, »Wie hast du so gut Deutsch gelernt?«. Auch in scheinbar harmlosen Alltagsfragen verstecken sich oft Vorurteile. Jetzt melden sich People of Color selbst zu Wort und berichten darüber, wie Alltagsrassismus in Deutschland und Österreich aussieht. Antirassismus-Expert*innen aus der afrikanischen, muslimischen, asiatischen, jüdischen und Rom*nja-Community erklären, woran rassistische Fragen und Denkmuster erkannt werden können und geben Tipps, diese zu überwinden.

224 Seiten | ISBN: 978-3-7011-8241-1 | 23,50,-

Copyright © Leykam Buchverlagsgesellschaft m.b.H & Co. KG,
Graz – Wien – Berlin 2023

Kein Teil des Werkes darf in irgendeiner Form (durch Fotografie, Mikrofilm oder ein anderes Verfahren) ohne schriftliche Genehmigung des Verlages reproduziert oder unter Verwendung elektronischer Systeme verarbeitet, vervielfältigt oder verbreitet werden.

Umschlaggestaltung: Christine Fischer
Satz und Typografie: Michèle Ganser
Druck: Finidr, s.r.o.
Lektorat: Svenja Gräfen
Korrektorat: David Hoffmann
Gesamtherstellung: Leykam Buchverlag

www.leykamverlag.at
ISBN 978-3-7011-8270-1

Klimaneutral gedruckt